AF497298

Biblioteka Polska.

Serya na Rok 1861. — Zeszyt 28.

GERMANIA
Kaja Korneliusza
TACYTA,

przekład

ks. bisk. Adama Stanisława Naruszewicza.

Zeszyt jeden.

WYDANIE
Kazimierza Józefa Turowskiego.

W KRAKOWIE.

Nakładem Drukarni „Czasu".

1861.

Główny Skład dla
Królestwa polskiego i Cesarstwa rosyjskiego
w księgarni **PP. Gustawa Gebethnera i R. Wolffa,**
W WARSZAWIE.

GERMANIA

KAJA KORNELIUSZA

TACYTA

przekład

Adama Stanisława Naruszewicza.

Ille regit dictis animos. Virgil.

WYDANIE

Kazimierza Józefa Turowskiego.

W KRAKOWIE.

NAKŁADEM DRUKARNI ›CZASU.‹

1861.

DO

JEGO KRÓLEWSKIEJ MOŚCI.

To imie, dostojeństwem królewskiem najwyższe,
a w sercach poddanych łaskami najszacowniejsze, które
pierwiastki [1]) tłómaczenia Tacyta ozdobiło, niech już
będzie i dokonania jego okrasą i zaszczytem. Składam
przed majestatem w. k. mci p. m. miłościwego ostatki
autora tego, zawierające w sobie krótkie dwa pisma
o dawnych Germanach i o życiu Agrykoli, nim czwarty
tom historyi polskiej będę miał honor wkrótce złożyć.

Kochając wasza k. mość tak żarliwie swój naród,
że już i przekonaniem najzawiśniejszych ludzi dla niego
tylko żyjesz, ufam, że przyjmiesz łaskawie oba te dzieła. [2]) Pierwsze acz obce, okazuje nam jednak wiele
śladów starożytności polskiej; drugie uwiecznia męstwo
i cnotę wielkiego u Rzymian męża, jakich w. k. mość
pod panowaniem swojem mieć pragniesz, abyś przez

----

[1]) Ks. Naruszewicz poprzednio wytłómaczył inne dzieła Tacyta. R.
[2]) K . Narusz. dedykuje królowi razem Germanią i Agry-
kolę; to drugie dziełko da Bóg póżniej znajdzie miejsce w B. P. — R.

1*

4

nich wskrzeszał ile być może sławę przodków naszych, o której chyba tylko w księgach słychać.

Gdzie my teraz po części mieszkamy, siedzieli za Tacyta Germanowie. Już od tej daty blisko lat dwa tysiące upłynęło. Poszli oni potem zwyczajem dzikich i najezdniczych wieków, szukać sobie nowych siedlisk w dalszych państwa rzymskiego prowincyach. Ojcowie nasi Sarmaci Słowianie opanowali puste ich koczowiska. Nosiła podówczas Europa postać niejakąś zmąconej z pierwiastkowego tworu otchłani: zbijali się z sobą ludzie, jak niesprzęgłe żywioły, nie znając trwałej posady, zamiarów spółeczności, skutków pokoju, nim duch prawa i rządu, każdego w swojej umieściwszy dzielnicy, jak chciwość i ambicyą mieszkańców, tak ich siedziby pewnym ujął obwodem i dał cechę trwałości.

Ale możeż być co trwałego na tym okręgu podsłonecznym? Wieczna Opatrzność, która narody dźwiga i poniża, usuwa i rozszerza, co w księgach swoich napisała, to się ziściło. Byliśmy nad Elbą; uchylono nas za Odrę; przemoc nad słabszymi już się i tam ciśnie, gdzie nigdy German, chyba wędrowny, stopy swojej nie postawił. Może nam niewinność szczęśliwsze losy zakreśla, a rzeczy śmiertelnych zwykła na świecie kolej, lepszą za staraniem w. k. mci dolę, przynajmniej dla następców gotuje.

Nauczony klęskami swojemi Polak, co bojaźń boża, co rozumna wolność, co niepieskliwe obyczaje, co miłość króla i ojczyzny, a winne prawom posłuszeństwo, może znowu powróci do owych wieków Tacyta, gdy między Germanami a Sarmaty wzajemna bojaźń była granicą. Nie sypano tam innych kopców, chyba te, które martwe ginących za ojczyznę ziomków koście, świadeczne ich męstwa mogiły wzniosły. Nie lękali się nas Germanowie, lecz ani my onych, mając w ręku równie ostre szable, i skuteczniej pisząc żelazem dzierżaw zakresy, niżeli z cerklem i z tablicami. Nie dzikie to imie Sarmatów, które kraj polski od jednego do drugiego morza szerzyło; bo zdaniem tegoż rzymskiego statysty, ten tylko naród mądry, szanowny i poczciwy, który bije i zwycięża. *Modestia et probitas nomina superioris sunt: — Victoribus fortuna in sapientiam cedit.*

Stopniami rosną królestwa, stopniami nikną. Do ich podźwigu wicle nader pomaga pamięć i smak rzeczy dawniejszych, a pisma o nich pożyteczne. Przykłady zacnych mężów i narodów, rozmyślane w oddzielnem od prywatnych chęci i związków ustroniu, leczą niewinnym i tajemnym cnoty wlewkiem skażone nieczułością, zawiścią, lub innemi namiętnościami serca ludzkie. Temi się dusza zwolna oczyszcza od wnętrznej zarazy; z nich nabiera czerstwości; z nich ożywia się tym dzielnym miłości ojczystej zapałem, który sam jeden tylko podźwignąć może rzeczy najupadlejsze: bo któż kiedy krajowi dobrze uczynił, kto go pierwej nie ukochał, i obelgi jego nie uczuł?

Bogdajby prace uczone, które zachętem w. k. mci wzrost biorą codzienny, przynieść mogły pożądany skutek! A kiedy jedni radą, drudzy szafunkiem sprawiedliwości, inni uczeniem młodzieży i oświatą ludu, albo urządzaniem milicyi i gospodarstwa, spólnie pomagają do wykonania ojcowskich w. k. mci zamiarów, — my też w obrębie powołania i zdolności naszej, piórem przyłożyć się do nich mogli, *ut bene sit patriae!* Tego życzy

waszej królewskiej mości

pana mojego miłościwego

sługa i poddany

A. N. B. K. S. P. W. W. X. Lit.

ni, Eudozes, Swardonowie, Nuitonowie. Cześć bogini Herta
wszystkim spólna. XLI. O Hermundurach. XLII. O Nary-
skach, Markomanach, Kwadach. XLIII. O Marsygnach, Go-
tynach, Ozach, Burach. Narody Ligów. Aryowie, Helwekoni,
Manimi, Elizowie, Nawarhale nazwisko Alces. Gotonowie.
XLIV. Narody Swionów. XLV. Morze gnuśne. Estyowie zbie-
rają bursztyn. Sytonowie, u których niewiasta króluje. XLVI.
O Peucynach, Fennach, Wenedach. Fennów dzikość i ubóstwo.
O Helluzach, Oxyonach. Dziwotwory tameczne.

Tę księgę napisał Tacyt.

R. Z. R. C. P.	⎱	M. Kokceja Nerwy Aug. IV.
za Kons:	⎰	
ᴅ CCCLI. 98.		M. Ulpiusza Trajana Cez. II.

———

GERMANIA. [1]

I. Germanią wszystkę [2]) od Gallów, Retów i Pannonów Ren z Dunajem, od Sarmatów i Daków gó-

---

[1]) Kraje od Łacinników nazwane *Germania*, my Polacy zowiemy *Niemcami, niemiecką ziemią.* Zdawało się nam jednak zostawić to pierwiastkowe Germanów nazwisko w tłómaczeniu, jako starożytnością poświęcone, a w onym wieku tak wszystkim pisarzom łacińskim jak i greckim zwyczajne. Wszak i Francuzi, lubo w potocznej mowie, owszem i w pismach swoich, ten kraj i naród oznaczają przez te słowa: *l'Allemagne, les Allemans,* wszelako tłómacząc spółczesnych dawnym Niemcom pisarzów, używają tych wyrazów: *la Germanie, les Germains.* Alemanowie i Nemetowie, od których u nas niemieckie nazwisko początek wzięło, byli Germanami, to jest cząstkami tego wielkiego a na różne ziemie i powiaty podzielonego narodu, powszechnem imieniem *Germanii* oznaczonego; błądziłby jednak, ktoby powszechność Germanów, szczególnemi tychże Germanów nazwiskami wyrażał, gdzie idzie o powszechny opis całego narodu, do którego dawniej samo tylko imie Germanów było przywiązane. Rzecz prawdziwa, iż teraz jak my Polacy całą dzisiejszą Germanów ogólność Niemcami w naszym języku zowiemy, tak ich Francuzi Alemanami, owszem teraźniejsi Niemcy sami siebie Tejczerami zowią. Wszakże ponieważ obecne języki europejskie tak jak i narody są świeższe, zostawić przynajmniej starożytności należy tę powagę, abyśmy jej dzieje i wyrazy w swojej całości i w istocie zachowali. Odmieniły wieki w postępie swoim mowę, narody i obyczaje ludzkie. Któżby z Polaków tłómacząc wojny Rzymianów z Gallami, z Dakami, Sarmatami, Kartagińczykami, śmiele mógł napisać, że Cezar bił Francuzów, Trajan Włochów shołdował, Konstanty potłumił Polaków, a Scypion Saracenów? Zostawiliśmy zatem w tłómaczeniu naszem starożytnym Germanom starożytne ich nazwisko.

[2]) Tacyt używa wyrazów, *Germania omnis,* to jest, jaka

ry [1]) i wzajemna trwoga dzieli. Dalsze ziemie zakrąża Ocean, pełen ogromnych zalewów i wyspów niezmiernej wielkości, [2]) gdzie nieznajome nam pierwej z królami swoimi narody, świeża wojna odkryła [3]). Ren z przerwanego i niedostępnego Retejskich gór wierzchołka spadłszy, nachyla się nieco ku zachodowi, zkąd

---

była naówczas w granicach swoich. *Germania Transrhenana*, poczynająca się od Renu rzeki na wschód. Miała zaś ona na zachód Ren pomieniony z narodem Gallów czyli Gallią belgicką, która wyższą i niższą Germanią ponad Renem zajmowała; na południe rzekę Dunaj z Windelicyą, Recyą i Pannonią, gdzie teraz Gryzonowie, Szwajcarya, część Bawaryi i Austryi; na wschód rzekę Wisłę z Sarmatami i Dakami; na północ Ocean z wybrzeżami, czyli golfami swojemi, jakie są, golf Botnii i Finlandyi.

[1]) Mowa tu o górach węgierskich, od Presburga ku województwu krakowskiemu rozciągnionych. Te dzieliły Germanów od Sarmacyi zagórnej, to jest z tamtej strony Tatrów w Węgrzech rozciągnionej ku rzece Tyssa, za którą siedzieli w sąsiedztwie Dakowie, poczynając się od Siedmiogrodu aż ku Czarnemu morzu. Tacyt kładzie te góry za granice Germanii około Dunaju, czyli narodu szczególnego Kwadów. Dalszej zaś Germanii po nad-Wiślu ku morzu ciągnącej się, nie położył innych granic, prócz wzajemnej bojaźni *mutuus metus*, a to podobno dla niedokładnej wiadomości, jeśli Wisła była ścianą dzielniczą tych narodów, czyli Germanowie byli tejże krwi z Fennami, Peucynami i Wenedami, którzy z tej strony Wisły siedzieli, jako sam mówi w roz. 46.

[2]) Rzymianie, równie jak Grecy, nie mając znajomości krajów północnej Europy, częstokroć półwyspv, czyli ziemie cząstką tylko swoją lądu trzymające się, a w reszcie morzem oblane, brali za wyspy. W tem mniemaniu u nich była *Skandynawia*, gdzie teraz Szwecya z Norwegią, także *Enningia* czyli *Fenningia*, teraz Finlandya.

[3]) Nietylko Rzymianie nie znali, chyba z powieści, tych północniejszych wyspów, ale ani pobliższych sobie krajów Sarmatów, Bastarnów, Roxolanów, Daków, Scytów, morzem czyli Oceanem w ogólności od północy oblanych. Tacyt powiada, że ich świeża wojna odkryła, *recens bellum aperit*. Tę wojnę toczył *Plautius Elianus* około roku po Chrystusie 62 i 63 za Nerona, jako widzieć w napisie starożytnym podanym od Wulpi *in veteris Latio*, w tomie X, a w Piranesi *Antichita Romana* Tabl. IX, w te słowa: „*Propraetor Mesiae, in qua plura quam centum millia ex numero Transdanubianorum ad praestanda tributa cum conjugibus ac liberis et principibus aut regibus suis traduxit; motum orientem Sarmatarum compressit;*

10

potem bieg swój do oceanu północnego obraca. [1]) Dunaj bierze początek na górze Abnoba, [2]) mającej wolniej stoczyste boki i wstęp łacniejszy, przechodzi wiele krajów, i wpada do Pońskiego morza sześcią ujściami, bo siódme w bagnach niknie [3]).

---

ignotos ante, aut infensos 'populo Romano reges, signa Romana adoraturos in ripam, quam tuebatur perduxit, regibus Bastarnarum et Rhoxolanorum filios, regibus Dacorum fra· tres captos aut hostibus ereptos remisit; ab aliquibus eorum obsides accepit, per quae pacem provinciae et confirmavit et protulit. Scytharum quoque rege Macherronensi, quae est ultra Borystenem absidione summoto, primus ex ea provincia, magno tritici modo annonam populum Romanum adlevavit."
Z tego napisu objaśnia się powieść Tacyta, że dopiero ta wojna odkryła Rzymianom narody Sarmackie, dawniej im nieznajome. Z niemi wojując Plautius jako podstarosta Mezyi i stróż brzegów Dunaju przy ujściach, być musiał orężnie w krajach naszych ruskich, kiedy królikom Bastarnów (siedzieli oni około Sanu), Roxolanów (gdzie Ruś czerwona), Daków (gdzie część Podola i bracławskiego województwa z Wołochami i Siedmiogrodem), dzieci i braci pozabierał, kiedy królika Scytyjskiego za Dniepr przepędził. Nie wiadomo nam jest gdzie była ta Macherona, ponieważ prócz tego napisu nie mamy innej wiadomości, aby za Nerona Rzymianie za Dniestr przeszli. Za Domicyana inni jeszcze tych krajów królikowie przyszli do wiadomości Rzymian.

[1]) Retejskie czyli Retyck e albo Recyi Alpy, są to góry Gryzonów. Recya dawna, często od rzymskich pisarzów wspominana, zawierała w sobie kraj Gryzonów, część szwabskiej ziemi i Bawaryi. Góra z której Ren wychodzi, nazywa się teraz *Vogelberg.*

[2]) Niemcy tę górę zowią *Schwartzwald*, Francuzi *Forêt noire*, to jest czarny las. Nieznajome przez wiele wieków źródła Dunaju odkrył w roku 1702 hr. Marsili. Obacz jego dzieło w tomie VI. na kar. 4. Pliniusz w ks. IV. powiada, że Dunaj *Danubius*, przyszedłszy do Illiryku, dopiero zaczyna nazywać się *Ister*, to jest gdzie się łączy z rzeką Enem, zkąd się poczynał rzymski Illiryk. Inni to nazwisko Istra dają Dunajowi od miasta Wiednia, drudzy od złączenia się z Sawą pod Belgradem. Pliniusza zdanie najdawniejsze.

[3]) Czarne morze nazywało się za Rzymian *Pontus, Mare Ponticum*, zkąd i Owidyusz wygnaniec poeta pisał swoje żałobne wiersze *Tristium de Ponto*. Brotier uczony Jezuita cytuje jakiegoś misyonarza tegoż zakonu pismo, z Carogrodu wydane w roku 1713, w którem ten misyonarz powiada: że Dunaj przyszedłszy do Czarnego morza nie gubi w niem wód swoich rodowitych, ale bystrością wpadających strumieni ciągnie się wła-

II. Rozumiałbym że Germanowie są właściwemi ziemi swojej rodakami [1]), nie mając nic spólnego we krwi z przychodniami obcych narodów [2]), ponieważ dawniej szukający nowych siedlisk, wodną nie lądową przedsiębrali podróż [3]), a rzadki się kto i teraz z na-

---

snem i barwę przyrodzoną noszącem korytem przez kanał stambulski do morza Białego i dalej: dla czego statki idące do tego morza z Archipelagu wielkiej trudności dla przeciwnej wody doznawać muszą. Toż samo twierdzi i Homan w tablicach geograficznych. Tę powieść zdaje się potwierdzać starożytny wypis z Pliniusza, który pisząc o ujściach Dunaju w k. IV. tak mówi: „*Singula ista ora tanta sunt, ut prodatur in quadraginta millia passuum longitudinis vinci mare dulcemque intelligi haustum.*" Znajdują się niektórzy autorowie, którzy toż samo powiadają o ujściach Dniepra i Dniestra, prowadząc ich wody do wyjścia Dunajowych, a ztamtąd do morza. Łatwość i prędkość wędrówek wodnych na małych łódkach, od starożytnych Rusinów Dnieprem na morze Czarne, a potem do Carogrodu przedsiębranych, o których pisze Konstanty Porfirogenit cesarz carogrodzki w X. wieku, tudzież podobne za pamięci pradziadów naszych napady kozackie czajkami do państw tureckich nadbrzeżnych i do samego Stambułu,— ta mówię łatwość i prędkość dowodzi, iż ujścia tych rzek do morza kierując wody swoje ku ujściom Dunajowym i z niemi się łącząc, czynią jakowyś strumień w pośrodku wód morskich, który ułacnił wojenne na czajkach wyprawy Rusinów i Kozaków.

[1]) *Indigena* słowo łacińskie, którego używa Tacyt pisząc o Germanach, tłómaczy się w naszym języku *tubylec*, jakoby *inde genitus*. Tacyt takim narodem być mniema dawnych Germanów, obyczajem innych pisarzów, według których wszystkie narody im nieznajome, miane były za samorodne, i jakoby z ziemi urodzone. Inaczej nam teraz sądzić każą wieki oświeceńsze pismem o teraźniejszych Europy mieszkańcach, z wiadomości historyi i przechodów a mięszaniny różnych narodów, z których się różne królestwa formowały i formują. Gdybyśmy mieli historyą Celtów i Scytów spółczesną, z których bez pochyby Germanowie poszli, możeby się w niej, przeciwko zdaniu Tacyta, jaka ukazała mięszanina.

[2]) Tacyt w r. 28 i 43 kładnie między Germanami Gallów, Ozów i Gotynów jako przychodniów. Wszakże niektórzy pisarze niemieccy twierdzą, że te przychodnie narody nie mięszały się nigdy z Germanami, i siedziały tam tylko okolicami pod rządem i dozorem narodu panującego.

[3]) Uważne zastanowienie się nad historyą inaczej sądzić każe: to jest, że w pierwiastkowych wiekach świata czyniły się różne

12

szego świata, na niezmierny ów, i że tak rzekę przeciwny [1]) ocean, łodzią puszcza. Któżby się zaiste, nie
pomniąc nawet na srogie burzliwego i nieznajomego
żywiołu przygody, odważył zamienić Azyą, Afrykę i
Włochy na te siedziby, posadą miejsca, ostrością powietrza, obyczajami ziemianów smutne i dzikie, chybaby w nich ojczyzny szukał? — Wielbią Germanowie
w starożytnych rymach, [2]) bo tam żadnych innych ksiąg

-----

przechody narodów lądem, póki dowcip ludzki z innemi wyna
lazkami sztuki nawet żeglarskiej w używanie nie podał.

[1]) Nietylko w dawniejszych wiekach, ale nawet za panowania
Rzymian, rzadka była żegluga, dla niewielkiej znajomości marynarstwa. Prowadzili czasem Rzymianie handel na morzu Czerwonem, to jest golfie arabskim, dostawszy Egiptu. Przedtem wojny wiodąc z Kartaginą, a potem, za czasów Cezara zażywały
floty, ale to tylko było na morzu Śródziemnem. Za świadectwem
Swetoniusza w życiu Klaudyusza cesarza: *„Oceanum Septemtrionalem primus Romanorum ducum navigavit Drusus."* Jak
wiele zaś ten Drusus podjął niebezpieczeństwa w tej żegludze,
widać w tegoż Tacyta rocznych dziejach *(Annales)* w ks. II.
r. 23. Rzecz dziwna zatem, jak być mogło, aby za czasów Nerona mniemany Palemon, uchodząc okrucieństwa tego pana, mógł
trafić z flotą ze Włoch aż do Litwy do ujściów Niemnowych?

[2]) We wszystkich starożytnych wiekach, i we wszystkich
dzikich nawet narodach, jako to widzieć dotąd w amerykańskich
krajach, używano wierszy acz niezgrabnych do opiewu rzeczy
miłych albo pamięci godnych. Natura uprzedziła wszystkie poetyki prawidła, tak jak poetyka uprzedziła historyą. Pasterz i
rolnik opiewał za powodem czułego serca dary przyrodzenia
z roli i dobytku pochodzące. Śpiewał tenże, to jest oświadczał
słowami i głosem wrażenia wnętrzne z miłości, chęci, potrzeby,
lub innych pasyj wynikłe. Cnota, męstwo, odwaga, siła, jako
rzeczy w powszechności gminu rzadkie, i nie każdemu w dziale
od natury dane, kładąc ludzi w rząd wyższych jakichści nad ludzie istot, znajdowały podziwienie i chwalców. Ztąd się urodziła
poetyka, a przechodem pieśni z ust do ust, z wieku do wieku o
ludziach chwały godnych, zastępowała miejsce historyi narodowej.
Eginhardus pisarz życia i dziejów Karola Wielkiego, powiada o
nim jako świadek oczywisty, że *„barbara et antiquissima carmina, quibus veterum regnum actus et bella canebantur, scripsit memoriaeque mandavit."* W oświeconych nawet wiekach
naszych, gdzie nie schodzi na historyach, słyszymy jednak po
obozach różne pieśni o ludziach wojennych, które gmin prosty
sobie składa i onemi się w dobrej myśli zabawia. Wiek w Polsce uczony za Stanisława Augusta, podniósłszy cenę i pożytek

13

nie widać, Tuistona bożka z ziemi urodzonego, i syna jego Manna, jakoby ojców i głowy narodu. [1]) Mannowi naznaczają trzech synów, z których poszły imiennicze narody Ingewonów tuż przy oceanie, Hermionów niżej, a Istewonów za nimi jeszcze mieszkających. Niektórzy [2]) biorąc swobodę mniemania z ciemnoty wieków odległych, przydają mu więcej synów, jakoby oni

nauk krajowych, wskrzesił w najznakomitszych obywatelach chęć przysłużenia się narodowi godnemi zalety pismami. Zdobiły niegdyś złożone pieczęci w ręku Zamojskich, Łubieńskich, Ossolińskich, Radziwiłłów, Sapiehów, Załuskich i innych, wyborne pióra. Odżywia ich pamięć w naszych czasach następca urzędu Joachim Littawor Chreptowicz podkanclerzy litewski. Pismo jego ściągające się do poetyki widzi ć w t. II zbioru potrzebniejszych wiadomości, na kar. 378, pod tytułem: Poezya.

[1]) U dawnych Germanów w powszechnem był poszanowaniu sławny bożek *Tuiston*. Pod tego *Tuistona* imieniem, jedni chcą mieć Boga twórcę świata, a pod imieniem *Manna* syna jego, Adama albo Noego z potomstwem, które prócz innych krajów, przez jednego z synów lub wnuków tego patryarchy, celtyckie narody szeroko po Europie rozlegle zaplenił. Tego zdania jest Kluwer uczony Gdańszczanin, w obszernem dziele: *Germania Antiqua*. Drudzy z Leibnitzem twierdzą, że ten Tacyta *Tuiston* bożek Germanów, jest tenże sam, co *Teut* albo *Teutates*, sławny bohater Celto-Scyta, którego Hiszpani dawni z Gallami mieli w osobliwszem poszanowaniu, i który za ich zdaniem wielką część Europy i Azyi prawami i obyczajnością uformował. To pewna, że Germanowie z Gallami jednym w pierwiastkach byli narodem, Celtami od starożytności nazwanym; ponieważ Herodot najdawniejszy z pisarzów greckich, w ks. IV w roz. 49 powiada o rzece Dunaju (Ister), iż on bierze swój początek *„ex Celtis, qui omnium in Europa ad solis occasum extremi sunt."* Wiadomo nam zaś jest, że Dunaj w Niemczech teraźniejszych ma swoje żrzódła. Za wsławieniem się w Europie narodów scytyjskich, starożytni pisarze podciągając pod też scytyjskie narody Sarmatów, dla sąsiedztwa z nimi ziem Germanii, samych nawet Germanów mieli za Scytów, jako o tem pisze Pliniusz. Ta jednak między Sarmatami a Germanami była różnica, iż Sarmatów powszechność Scytami, Germanów Celto-Scytami nazwano.

[2]) Sami Germanowie nie zgadzali się z sobą tak względem liczby synów swojego Manna, jako względem nazwisk narodów od nich pochodzących. Jedni dzielili Germanią na trzy narody: Ingewony, Hermiony i Istewony; drudzy na cztery, to jest na Marsów, Gambriwów, Swewów, i Wandalów. Pliniusz w k. IV dzieli ich na pięć udziałów, *„Germanorum genera quinque. Vindili, quorum pars Burgundiones, Varini, Carini, Guttones. Alterum genus Ingaevenes, quorum pars Cim-*

14

zaszczepili narody Marsów, Gambrywów, Swewów i
Wandalów, [1]) które imiona według nich są najprawdziw-

---

*bri, Teutoni ac Chaucorum gentes. Proximi autem Rheno
Istevones, quorum pars Cimbri mediterranei. Hermiones, quorum Svevi, Hermunduri, Catti, Cherusci. Quinta pars Peucini Bastarnae supra dictis contermini Dacis.* Powieść Tacyta
nie wiele się różni od Pliniusza, ponieważ oba w rzędzie narodów Germanii kładną Hermiony, Istewony, Ingewony i Wandale.
Bo co się tycze piątego udziału, złożonego z Bastarnów i Peucynów, lubo go Pliniusz położył między Germanami, ostrożniejszy
Tacyt kładnie ich wprawdzie w Germanii, lecz wątpi, aby byli
prawdziwymi, chyba że dla sąsiedztwa z Germanią coś od niej
z obyczajów naciągnęli. Zdaje się z opisów Tacyta i Pliniusza,
iż te cztery powszechniejsze narody Germanów i jakoby prowincye, w których się inne pomniejsze swoich nazwisk powiaty
zawierały, były uszykowane tym sposobem. Ingewonów prowincya była nadmorska, *proxima oceano*, poczynająca się od dolnego Wezera a ciągnąca się aż do księstwa holsztyńskiego.
Istewonowie, *proximi Rheno*, siedzieli między Renem a Wezerem.
Hermionowie trzymali tylko środek Germanii, *medii Hermiones*,
od źródeł Wezera aż za górną Elbę. Wandalowie mieszkali między dolną Elbą i dolną Wisłą. A zaś za Wisłą, to jest ze strony
wschodniej tej rzeki, Peucini i Bastarnowie, których Germanowie
sobie, a Sarmaci sobie przywłaszczali. Ale to są tylko podobniej-
sze do prawdy konjektury, dla niedokładności pism starożytnych
w tych czasach, gdzie Germania Rzymianom dopiero znajoma
być przez wojny poczynała.

[1]) O Gambrywach sam jeden tylko i na jednem miejscu Tacyt wspomina. Tak tych, jak Marsów imie dawno zaginęło.
Marsów narodek niewielki, kładnie się od niektórych nad rzeką
Amisą (Ems) niedaleko Paderborna. Tego zdania jest Kluwer
na kar. 352. Wandalów naród wielki i jeden z piąciu prowincyj
Germanii, zamilczany jest od Tacyta co do szczególniejszego opisu.
Nie daje on przyczyny tego nazwiska, zostawując w niepewności
zdanie gminne, jakoby od Wandala jednego z synów Tuistona
bożka, lub jego syna Manna poszli. Nie wiem zatem, zkąd kronikarze nasi, mianowicie Sarnicki, uczyniwszy Wandalów przodkami
polskimi, wywodzą ich imie od rzeki Wandala czyli Wisły, jakoby Wisła wzięła nazwisko od królowej Wandy. Najdawniejsi
geografowie i historycy, Pliniusz i Ptolomeusz, Ammian Marcellin, wspominają tę rzekę pod imieniem *Vistula, Isula, Vistillus,
Bisula*, nigdzie jednak nie zowią jej Wandalem. Wandy też królowej nazwisko, jeśli kiedy ona była i po Lechu około VII wieku
po Chrystusie panowała, zjawiło się nierównie później niżeli
prowincya i naród wandalski, który już był obszerny za czasów
Pliniusza i Tacyta. Nie wchodzę ja tu w badanie ciemnej i nie-
dostępnej prawie starożytności, abym tych Wandalów dla okrasy

narodu mego wywodził z pierwiastkowego gniazda. Prokop i Jornandes pisarze szóstego wieku, wyprowadzają Wandalów od bagnisk Meotyckich, gdzie teraz Tatary. Była to powszechna choroba autorów starożytnych, że kiedy o narodach jakich nie wiedzieli, pospolicie im pierwsze siedliska w nieznajomych sobie krajach, gdzieś tam w Scytyi, w Sarmacyi, około gór Ryfejskich, lub około Meotydy naznaczali. Słowa to są tylko i mniemania próżne, w niepotrzebną pracę i większą jeszcze zdań plątaninę piszących wprowadzające. Mogli wprawdzie na tych Jornanda i Prokopa bagniskach osieść Wandalowie, gdy obyczajem wieków owych błędnych, bez poloru, rządu i związku zostających, gdy się, mówię, w drugim wieku po Chrystusie w Germanii z Gotami złączywszy z tymiż Gotami wespół po nadbrzeżach morza Czarnego osiedli, zbliżając się do najazdu państw rzymskich od Mezyi i Dunaju dolnego. Lecz to się już stało dobrze po śmierci Tacyta i Pliniusza, z których pierwszą i najpewniejszą wiadomość o nich, że byli narodem germańskim, mamy. Pliniusz mało co późniejszy od Tacyta w k. IV powiada wyraźniej niżeli Tacyt, że naród wandalski składał się z kilku innych: *„Vindili, quorum pars Burgundiones, Varini, Carini, Gutones etc."* Zdaje się, iż Pliniusz znaczniejsze tylko narody wandalskie wyliczał, a inne drobniejsze opuścił, które także do powszechnej prowincyi wandalskiej należały. Z nazwiska Warynów, udziału wandalskiego, którzy mieszkali nad morzem w zachodniej części księstwa meklemburskiego około Warnemunde, rozumiałbym, że dawni Wandalowie zajmowali wszystkie te kraje między dolną Elbą a Wisłą bliżej morza rozciągnione, gdzie teraz obie Pomeranie z księstwem meklemburskiem, z średnią Marchią i częścią Polski, na brzegu prawym Warty dolnej. Jakoż późniejsi geografowie kładną Burgundów między Wartą i Notecią, Karinow między Notecią i Brdą, G tonów między Brdą i morzem. Potwierdza zdanie nasze o tej rozległości narodu wandalskiego poźniejsze siedlisko Słowianów w tychże samych krajach, którzy w poźniejszych wiekach napadłszy na opuszczone ziemie Wandalów po ich wyjściu do państw rzymskich, imie ich nawet odziedziczyli. Jakoż Niemcy do tego czasu, wszystkie nadmorskie najbardziej ziemie od Wisły aż do Elby, wygnawszy Wynidów Słowianów, starem Wandalów nazwiskiem oznaczają. We sto lat po Pliniuszu i Tacycie, Dion Kassyusz Greczyn, pisarz historyi rzymskiej, w k. LI świadczy, że rzeka Elba z gór wandalskich wypływała; za jego więc czasów albo się Wandalowie rozmnożeni w dawnych dzierżawach pomknęli aż ku teraźniejszym Czechom, wygnawszy innych Germanii mieszkańców; albo ich Gotowie, dawni nieprzyjaciele i zwycięzcy, tam zapędzili. Wreszcie nazwisko Wandalów nie było tak szczególne jednemu narodowi, aby go tylko samego oznaczało Starożytni pisarżę nie wchodząc w te udziały barbarzyńców, dawali często Gotów i Wandalów imie wielu innym błędnym narodom z nimi połączonym i spólnie łotrującym. Umknienie się Wandalów, błąkających się prawie przez trzy wieki, z dziedzicznych posad do południowych państwa rzymskiego

sze i najdawniejsze. [1]) Wreszcie nazwisko *Germanii*, jest nowe i świeżo nadane, [2]) ponieważ Tungrów dzi-

---

krajów, było powodem Sarmatom-Słowianom, że ogołocone z mieszkańców przez wojny i przemiany narodów krainy między Elbą a Wisłą leżące, w piątym i szóstym wieku opanowali. Epoka wtargnienia Słowianów do Wandalii, najsprawiedliwsza podobno będzie około roku 410, kiedy ci Wandalowie, czyli pod powszechnem imieniem różne hordy germańskie i sarmackie Alanów, Swewów, Kwadów, Herulów, Markomanów, Turcylingów i innych wielu uciśnionych przez Hunny, w liczbie czterech kroć sto tysięcy, naprzód do Galii, potem do Hiszpanii i Afryki udały się. Nie sami oni jednak wyszli, ale wespół z żonami i dziećmi, obyczajem starożytnych Germanów, którzy idąc na wojny, brali z sobą żony i potomstwo, za świadków i pobudki do bitwy. I ta była piyczyna że kronikarze nasi dla opanowania wandalskich między Elbą, Odrą a Wisłą przez Słowiany Wenedy krajów, Słowianów z Wandalami jednym narodem uczynili. Język i różne siedliska obu tych narodów, to jest Wandalów i Wenedów, czynią ich od siebie różnemi. Zostało imie Wandalii i w późniejszych wiekach pod panowaniem nawet słowiańskiem, a niemieccy nawet pisarze, Słowianów osobliwie nadmorskich, Wandalami nazywają. Książęta też teraźniejsi niemieccy, którzy naród słowiański w tych krajach wytępili, biorą tytuły książąt wandalskich, dla pamięci przodków swoich Germanów, którzy nie mając ani krwi, ani języka spólnego ze Słowianami, imienia im tylko swego użyczali.

[1]) Marsowie, Gambrywowie, Swewi i Wandalowie, są właściwe według Tacyta imiona dawnych Germanów. Inne nazwiska wyżej od niego wspomnione, wyrażają bardziej posadę miejsc i położenie kraju; tak właśnie, gdybyśmy dawnych Słowianów ojców naszych, jako chcą niektórzy, na trzy części dzielili, to jest: na Pomeranów około morza mieszkających, Polaków, na po'ach czyli równinach osiadłych, i Chrobatów czyli Chorowatów podgórskie kraje posiadających podzielili. Jakoż Ingewonowie, zdaniem uczonych Niemców znaczą jakoby *die Inwohner*, to jest ku morzu, lub w kącie w ustroniu mieszkający. Istewonowie jako *die Westwohner*, ku zachodowi pomknieni. Hermionowie, jakoby *die Herrumwohner*, środek zastępujący. Dla czego tych poślednich raczejby zamiast Hermionów nazwać Hermiwonami należało.

[2]) Kluwer w księdze *Antiqua Germania* dowodzi, że Niemcy, nim się nazwali Germanami, nosili nazwisko, jakie teraz noszą w swoim języku, to jest, *Tejczerów*, *Teutisci*, od bożka celtyckiego Teuta czyli Tuistona, którego w większem niż Gallowie mieli poszanowaniu. Dawniej ci Teutyskowie mieli udzielne narodów swoich imiona. Niektórym z tych cnota i męstwo wojenne nadały imie Germanów, to jest mężów rycerskich, jako się niżej powie. Od tych Germanów cała ziemia potem nazwała się Germanią. Wyraz Tacyta „*vocabulum recens et nuper additum*“,

siejszych wtenczas dopiero nazwano Germanami, gdy przeszedłszy Ren, Gallów wygnali. [1] A tak jeden powiat wzmógłszy się powoli, imie od siebie wynalezione drugim współziomkom z bojaźnią broni zwycięskiej wraził. Powiadają nawet, że Herkules w ich kraju znajdował się, którego idąc do bitew, przed innymi bohaterami opiewają. [2]

III. Prócz wyżej wspomnionych, mają jeszcze pewny rodzaj pieśni, których odgłosem nazwanym *barditus* [3],

---

ściąga się tylko do Germanów z tej strony Renu mieszkających, ponieważ ci pożniej to nazwisko wzięli od innych swoich współbraci. Wreszcie rzeczone nazwisko widzieć *in Fastis Capitolinis* roku od założenia Rzymu 531, to jest 222 lata przed Chrystusem, jako to czytać w dziele uczonego Piranesi, *Lapides Capitolini*, na kar. 42.

[1] Julius Caesar *in bell. Gallico* w k. II roz. 4 powiada, iż gdy się o narodzie Belgów wywiadywał „*reperiebat plerosque Belgas esse ortos a Germanis, Rhenumque antiquitus transductos propter loci fertilitatem ibi consedisse, Gallosque, qui ea loca incolerent, expulisse.*" Tenże Cezar tamże mówi, że ci, którzy pierwsi z narodu niemieckiego czyli dawnych Teutysków Ren przeszli: „*fuisse Condrusos, Eburones, Caeresos. Paemanos, qui uno nomine Germani appellantur.*" Słowo *Germanus* zdaje się pochodzić z języka niemieckiego Wehrmann, to jest mąż zbrojny, orężny, wojenny, przemianą częstą w dawnym języku litery W na literę G. Naprzód zatem było to imie zwycięskie tych tylko narodów, które rzekę Ren przeszły i tam osiadły, *cis Rhenum.* W postępie czasów narody Teutysków z tej strony Renu, *trans Rhenum* mieszkające, przywłaszczyli sobie toż samo Germonów nazwisko dla chluby bitnych spółbraci. Tungrów, o których wspomina Tacyt, była dawniej większa sława. Pamięć ich pozostała w tej kraju rozległości, która się teraz zowie starą dyecezyą de Tongres.

[2] Niemasz narodu, któryby się gościnnością tego bajecznego Greków bohatera nie chlubił. O Herkulesie germańskim jest mowa w k. II. *Rocznych Dziejów* Tacyta. Scytowie przodkowie nasi zaszczycają się także swoim Herklesem, iż ród swój z niego prowadzą, jako pisze Herodot w k. IV.

[3] Sposób ten pieśni żołnierskich, jedni wyprowadzają od słowa *barrire*, które wyraża głos słoniów; drudzy od *bardire*, co znaczy głos jeleni. Germanowie nie znali słoniów, lecz mieli podostatku jeleni, i kochali się w takowych łowach. Wieszczkowie dawni, którzy tym to sposobem słonim czyli jelenim, naśladując ich głosów, rycerzów swoich śpiewali, nazywali się *bardi*. Lukan poeta o nich w k. I w. 447: „*Vos quoque, qui fortes*

18

zagrzewają serca do boju, i z niego o losie przyszłego
powodzenia wróżą. Jakoż skoro się tylko zbrojne owe
ozwą szeregi, wnet trwożą się same lub trwożą. Jest
to raczej zbiór dźwięku, niżeli słów wyrazy; przeto
usiłują jak najokropniejsze wrzaski puszczać, zbliżając
do ust puklerze, aby złamane głosy, potężniej się i
ogromniej odbiciem swojem rozlegały. Wreszcie niektórzy twierdzą, że i Ulisses po długiej owej bajecznej
wędrowni zapędzony wiatrami na ocean, odwiedził tameczne krainy, gdzie miasto Ascyburg [1]), które dotąd
nad Renem leży, zbudował i tem imieniem nazwał. Powiadają nadto, że dawniej na temże miejscu widziany
był ołtarz poświęcony Ulissowi z przydanem ojca La-
erta imieniem; że mogiły i groby z napisami greckie-
mi [2]) dotychczas jeszcze na granicach Recyi i Germanii znajdowały się, czego ja ani twierdzić ani zbijać
mam wolę; niech sobie każdy wierzy lub przeczy, jak
się podoba.

IV. Atoli do tych zdania przystaję, którzy rozumieją,
że naród Germanów nigdy się obcemi małżeństwami
nie zmięszał, i że zawsze był czystym, własnym, i sobie samemu podobnym narodem. Ztąd idzie, że lubo
w tak wielkiej ludu liczbie, wszyscy do siebie są podobni: u wszystkich oczy srogie i błękitne, włosy żół-
tawe, ciała ogromne; straszliwi są w pierwszem natarciu,
[3]) do prac jednak ciężkich i ciągłych niezdolni. Sama
posada i przyrodzenie kraju, wezwyczaiła ich do zno-
szenia głodu i zimna; upały i pragnienia są dla nich
nieznośne.

V. Lubo ziemia nie jest wszędy jednostajna, w po-

------

animas, belloque peremptos laudibus in longum vates dimit-
titis avum, plurima securi fudistis carmina Bardi." Obacz o
tych pieniach uczonego Freret w t. XXIII na karcie 164 w dziele
„*Memoires de l'Academie royale des inscriptions*"

[1]) Ascyburg, teraz Asburg w hrabstwie *de Meurs* niżej Kolna.
Obacz Kluwera na k. 430.

[2]) Nauki od Greków przeszły do Gallów, od Gallów do
Germanów.

[3]) Tacy są teraz Francuzi, potomkowie dawnych Celtów i
Germanów.

wszechności jednak pełno tam sprosnych bagnisk i okropnych lasów. Powietrze ma wilgotne przy Gallii, suchsze ku Norykowi i Pannonii [1]). Zboża rodzi podostatku, owoców niewiele [2]); obfituje w bydło, ale drobne; woły nawet upośledziło przyrodzenie w okazałe rogi, ozdobę i zaszczyt stadny; nagradza to jednak płodnością. Liczne obory, te są u nich jedyne i najmilsze bogactwa. Nie dali im bogowie ani złota ani srebra, nie wiedzieć czy z gniewu, czy z miłości. Przeczyć atoli nie mogę, aby się kędy w górach tamecznych złote i srebrne kruszczyzny nie znajdowały [3]). Któż z nich tego kiedy doświadczał? Nie nader są oni troskliwi o takowe nabytki i użycie. Widzieć tam często srebrne naczynia, książętom ich i posłom miast dawane od naszych w upominku, w równie lekkiem poważaniu, jak gliniane; wszakże pograniczni przez związek handlu szacować złoto i srebro, a niektóre sztuki monety naszej poznawać i brakować umieją. Mieszkający głębiej, prostym i staroświeckim sposobem towar za towar biorą. Pieniądze chwalą stare, zdawna znajome, obrączkowe, z wybitym wozem podwójnym [4]). Srebro bardziej lu-

---

[1]) Noryk i Pannonia prowincye rzymskie, gdzie teraz część Węgier, Austrya i Bawarya.

[2]) Za wycięciem lasów, które zimno krajowe pomnażały, wszystko się tam odmieniło. Mają teraz Niemcy jak zboża, tak i owoców podostatku.

[3]) Sam Tacyt gdy potem pisał Dzieje roczne, *Annales*, powiada w k. VI roz. 20, że Kurcyus Rufus *in Agro Martiaco* szukał srebra, lecz mało go znalazł. Niemcy teraźniejsi niewiele mają miner złotych i srebrnych, znajduje się ich więcej w Czechach.Obacz Balbina *in Miscel: Bohem.*

[4]) Tacyt to mówi o Germanach bliższych Dunaju i Renu. Gdy się obyczaje w Rzymie psować poczęły, znikczemniała u nich i moneta Zaczęto mieszać do srebra miedziany kruszec. Pliniusz powiada w k. XXXIII, że Livius Drusus *„in tribunatu plebis octavam partem aeris argento miscuit.“* Tenże później o Antonim tryumwirze: *„Miscuit denario triumvir Antonius ferrum, miscentur aera falsa monetae; alii e pondere subtrahunt, igitur ars facta denarios probare.“* Dla czego Germanowie bojąc się ułudy, wybierali starą monetę handlując z Rzymianami. Tacyt te pieniądze zowie: *„Serratos bigatosque, serrati nummi“*—nazywały się od słowa łacińskiego *serra*, piłka, iż na brzegach miały nakształt piłki ząbkowanej, a to dla znaku całości sztuk i istoty srebra; ponieważ i naówczas byli fałszerze

bią niżeli złoto, nie z przywiązania jakiego, lecz że
moneta w liczbie wygodniejsza jest dla kupna i przedaży
rzeczy drobniejszych [1]).

VI. Niewiele nawet widzieć u nich żelaza, jako wnieść
można z rodzaju rynsztunków [2]). Rzadko kto używa
miecza albo ogromniejszych włóczni; [3]) większa część
nosi spisy, nazwane w ich języku *framea*, z wązkiem i
krótkiem żelazem, ale tak płytkie i zwrotne, że się niemi z bliża i z dala potykają [4]). Takowym oręża gatun-
kiem oraz puklerzem uzbraja się jazda: piechota ma

---

w mennicach, którzy umieli miedź srebrnemi plewkami odziewać
albo brzegi obrzynać. *Bigati nummi* były bite za rzeczypospo
litej, i więcej miały wagi niżeli bite za cesarzów później. Plini
usz w k. XXXIII mówi o nich. *„Nota argenti fuere bigae atque quadrigae, et inde bigati quadrigatique dicti.“*

[1]) Sami Rzymianie woleli srebro dla tych samych przyczyn
co i Germanowie, za świadectwem Pliniusza w k. XXXIII. *„Populum romanum victis gentibus in tributo semper argentum
imperitasse, non aurum.“*

[2]) Pełno w Niemczech miner żelaznych; lecz naród jeszcze
gruby, albo nie miał tyle przemysłu i cierpliwości, aby się ku-
źnicami bawił, albo mniej potrzebował, ufając sile i zręczności,
że w przypadku wojny lada czem mógł nieprzyjaciela pokonać.
Używali Germanowie kamiennego rynsztunku, którego wielka
liczba znajduje się po ich grobach odkopanych za świadectwem
Ekkarda: *De rebus Franciae orientalis*, w t. I. Podobne było
używanie kamieni u Sarmatów sąsiednich Germanom, gdzie my
Polacy teraz mieszkamy. Nie chciała się podobno zaprzątać starożytność nasza tak jako i sąsiednia pracą nad dobywaniem żelaza,
albo go w niektórych krajach nie miała. Przed rokiem darował
do gabinetu fizycznego króla jmci Stanisława Augusta, jw. jp.
Kajetan Korzeniowski regent kancelaryi w. k. l. i konsyliarz
rady nieustającej, młotek i dłuto z kamienia wyrobione, które ko-
pający studnią w dobrach jego Stolinie, o kilkanaście łokci w ziemi znaleźli.

[3]) *Majoribus lanceis*. Germanowie mieli dwojaką broń ręczną:
większą nazywa Tacyt *lancea*, u której na drzewcu utknione
było żelazo, zdaniem Dyodora sycylijskiego w k. V mające dłu-
żyny łokieć lub więcej, a szerzyny na dwa cale, kończate i obo-
sieczne.

[4]) Szable nasze pospolicie, ale błędnie nazywamy *framea*.
Jest to raczej żelazo u dzid, tak nazwane od kończatości, która
się *friem* czyli *priem* zowie, za świadectwem Dytmara. Gdy
Germanowie potem otworzyli minery żelazne, najczęściej używali
mieczów, *gladii.*

nadto wiele pocisków, któremi daleko sięga [1]). Chodzą nago dla rześkości, lub tylko w burce [2]). Żadnej okazałości w strojach nie znają, same tarcze najwyborniejszemi farbami zdobiąc [3]). Mało kto używa pancerza, ledwo jeden i drugi wdziewa szyszak albo przyłbicę [4]).

------

[1]) Lubo się teraz mocno odmienił dawny sposób wojowania w Niemczech i Francyi, zostały w nich jednak ślady rozmaite starożytności germańskiej. Widzieć tam różne rodzaje broni ręcznej: *gladii*, szpady czyli miecze kończate i szable do posieku bez ostrego nader sztychu; *lanceae majores*, halebardy; *hastae frameae*, kopie długie; *missilia*, siekierki, *les haches d'armes.* Znajdują sie nawet w grobach starożytnych Germanów kule kamienne przedziurawione, które uwiązawszy na sznurach ciskano. Obacz Ekkarda t. I *De rebus Franc. orientalis.* Obacz także Kluwera *in Germania antiqua.*

[2]) *Sagum, sagulum*, których słów używa Tacyt; była to płata niejakaś czworograniasta, którą się Germanowie przyodziewali. Juliusz Cezar nazywa to odzienie *rheno*, w k. VI r. 21. *„Pellibus, aut parvis rhenonum tegumentis utuntur magna corporis parte nuda.“* Izydor w k. XIX roz. 23 tłómaczy, że *„rhenones sunt velamina humerorum et pectoris usque ad umbilicum atque intortis villis adeo hispida, ut imbres respuant.“* Z opisu Izydora widzieć jawnie, iż Germanowie ubożsi nosili takie odzienie, jakie my burkami zowiemy. Bogatsi mieli lepsze suknie.

[3]) O tarczach Germanów niezmiernej wielkości powiada Tacyt w k. II. roz. 14 Rocznych Dziejów. Największe mieli staranie Germanowie o ozdobę tej broni, malując onę rozmaitemi farbami. Te tarcze były w pierwiastkach znamionami męstwa w bitwach, i zasłoną od szwanków. Póżniejsze czasy podniosły one do znaków szlachectwa, tak w niemieckim narodzie, jako w sąsiedzkich Gallach i Sarmatach. Stały się puklerze nietylko warunkiem ciała, ale też na pieczęciach znakiem rycerskiego stanu i wyższej niby nad stan gminny dostojności. Ztąd urosła heraldyka, czyli nauka o herbach i szlachectwie. Usadzały się na tarczach różne figury, podkowy, krzyże, miecze, rogi, woły i inne tym podobne, na świadectwo męstwa i siły, że ten lub ów podkowy kruszył, kopią dobrze ciskał, mieczem szermował, wołom karki ucinał, żubrom rogi odrywał etc. Przydała potem chełpliwość lub próżność do tych tarcz poboczne ozdoby, szyszaki, pióra, korony, męże zbrojne, lub inne jakie *insignia* żołnierskie, jakie sobie każdy na pieczęciach wyrzynać każe. Na samych tarczach, dla różnicy domów lub innych przyczyn, kładziono różne kolory, i różne ich czyniono przedziały; co wszystko poszło z pierwiastkowych tarcz dawnych Germanów, o których pisze Tacyt.

[4]) U Rzymian było dwojakie głów żołnierskich nakrycie, *cassis* i *galea;* pierwsza była z blachy kruszcowej, druga ze skóry.

Konie mają ciężkie, niezgrabne, ani uczone obyczajem naszym różnych kółek zawijać. Lecą prosto, albo tylko na ubocz, trzymając się w poskoku tak ciasno, aby się żaden pozad nie został. Mocniejsza u nich piechota, przeto ją z jazdą mięszają, stawiąc na czele młódź wybraną, tak zaś szybką, że konnych biegiem dościga. W zbieraniu wojska zachowuje się pewna liczba; każdy powiat stu ludzi przystawia [1]), a te poczty secynami zowią, które nazwisko już się teraz z oznaki liczby w honor zamieniło. W szykach wojennych używają

Germanowie, choć rzadko, obojej jednak zażywali. My nazywawamy *cassis* szyszakiem, a *galea* przyłbicą lub misiurką. Przyłbice Cymbrów Germanów, *galeas*, opisuje Plutarch w życiu Maryusza: *„Galeas gerebant, quae erant in belluarum rictus, aliasque inusitatas figuras formatae et alatis cristis, ut altiores viderentur, fastigiatae.“* Pióra, kity lub inne jakie dla ozdoby szyszaków nosidła powiewne, są wzięte od teraźniejszej milicyi ze starożytności germańskiego rycerstwa.

[1]) Germanowie dzielili się na różne narody czyli prowincye, *populi*, te zaś na powiaty, *pagi*, w ich języku nazwane *gowen*, jak teraz Szwajcarowie na kantony. Powiaty składały się z włości, *vici*, które nazywano *Hunderte*. Ztąd wyszły angielskie hunderdy. Z każdego powiatu wybierano stu mołojców. Te poczty, zdaniem Dytmara zwały się *die Hunderte* czyli po naszemu *setnie*, albo *seciny*. Większe narody, jako Swewowie, za świadectwem Cezara *Bell gallici IV*, mając w sobie sto powiatów, po tysiącu z każdego przystawiały. Dla tego to mówi Tacyt: *„Quod primo numerus fuit, jam nomen et honor est.“* Albowiem za pomnożeniem się ludności, pomnożyła się i liczba wybrańców powiatowych, wszelako zostało imi pierwiastkowe *secin*, choć przy większej liczbie dla pamiątki na pierwiastkowy zwyczaj werbunków. Rostropny ten był zwyczaj u Germanów w wyborze ludzi, aby się rola nie zaniedbywała; przeto mówi wyżej wzmiankowany Cezar: *„Sic neque agricultura, neque ratio, neque usus belli intermittitur.“* Nakazywał się ten werbunek edyktem wojskowym, który się nazywał *heryban*. Ślady jego pozostały we Francyi w słowie *arriere ban*. Jest to obwieszczenie pospolitego ruszenia, jak u nas *wici*, które nazwisko poszło od słowa słowiańskiego *wicz, wiecz* znaczącego syna, młodzika, że przodkowie nasi obyczajem dawnych Germanów w czasie wojny, młodych wybierali. Nazwisko *wiczów*, zostało w języku ruskim, gdzie pospolicie dla pewności procedencyi, synowie ojcowskie imiona z tym przydatkiem biorą: Petrowicz, Iwanowicz, Kondratowicz, i tam dalej.

figur węgielnych ¹). Ustąpić z placu, byleby się tylko poprawić, jest raczej u nich znakiem rostropności, niżeli bojaźni; ciała pobitych w wątpliwych nawet bitwach z placu zbierają. Największa hańba stracić tarczę; takowy bezecnik nie ma więcej miejsca ani w radzie, ani przy ofiarach ²). Wielu w tym razie zostając, z własnej ręki powrozem niesławy dokonali.

VII. Do berła wynosi rodowitość, do buławy męstwo ³).

---

¹) Figura węglasta nazywała się *cuneus*, klin. Ten sposób szyku opisuje Wegecius w k. III roz. 19. „*Cuneus dicitur multitudo peditum, quae juncta cum acie, primo angustior, deinde latior procedit, et adversariorum ordines rumpit, quia a pluribus in unum locum tela mittuntur. Quam ob rem milites nominant caput porcinum.*" Szyk germański tym sposobem ułożony nosił postać węgła, klina, piramidy, a węższą swoją częścią ku nieprzyjacielowi postępował. Każdy naród szykował się swoim węgłem udzielnym, jak i u nas w pospolitem ruszeniu każde województwo pod osobnemi chorągwiami i wodzami stawało. Francuzi w języku swoim nazywają tę figurę szyku *le coin, l'ordre rostral*. Nasze słowo wojskowe *komunik*, używane w przeszłych wiekach, urodziło się, jeśli się nie mylę, z zepsucia języka łacińskiego *cuneus*.

²) Prawa nasze zbiegłych z wojska infamią karzą, a hetmani ich po bitwie w obozie wytrębować każą. Po wojnie chocimskiej waleczny Stanisław Lubomirski kolega i następca Chodkiewicza, wszystkich tych biegusów trąbą ogłosić rozkazał. Widzieć między ustawami Franków, *in lege salica, titulo 33*, że kto komu niesłusznie zadał: „*quod scutum suum jactasset et fuga elapsus fuisset, et non potuerit probare etc.*" miał za to grzywny płacić.

³) Rząd u Germanów nie w każdej prowincyi był jednostajny. Bliżsi Renu i Gallów, jako dowodzi Kluwer *in Germania Antiqua*, żyli po republikańsku. Inni mieli swoich królów, zdaniem samego Tacyta piszącego o Gottonach i w tymże rozdziale: *Nec regibus infinita potestas*. W rzeczach pospolitych za nastąpieniem wojny lud zgromadzony obierał sobie wodzów z mężów co najwaleczniejszych, podnosząc ich na tarczach na znak wyboru. Vertot w k. *Memoires de l'Academie royale des inscriptions*, w t. II; także Montesquieu w k. *L'esprit de loix*, twierdzą, że z tych starożytnych wodzów germańskich urósł urząd we Francyi marszałków dwornych czyli *maires du palais*, z których marszałków był Pepin ojciec Karola W. po Chilperyku, a na królestwo od papieża wyniesiony. W rządach monarchicznych, jeśli królowie germańscy byli waleczni, obierano ich także za wodzów. Te elekcye bądź na hetmaństwo, bądź na królestwo,

Władza atoli królów nie jest swobodna i bez gra-

działy się w polu. Grzegórz turoński w k. II powiada o dawnych Frankach plemieniu Germanów: *„Plaudentes tam palpis, quam vocibus Clodoveum clipeo evectum super se regem constituunt."* Żołnierski animusz nie szukał innego miejsca i innych ceremonij. Kassyodor w k. X listów. epist. 31, przywodzi mówiącego Witygesa króla Gotów: *„Judicamus parentes nostros Gothos inter procinctuales gladios more majorum, scuto supposito, regalem nobis contulisse, praefiante Deo, dignitatem. Ut honorem arma darent, cui bella opinionem pepererant. Non enim in cubilibus angustis, sed in campis late patentibus, electum me esse noveritis: nec inter blandientium delicata colloquia, sed tubis concrepantibus sum quaesitus, ut tali fremitu concitatus desiderio virtutis ingenitae regem sibi martium Geticus (seu Gothicus) populus inveniret."* Rzymianie nawet przejęli ten zwyczaj od Germanów. Zbuntowane pułki na Maurycego cesarza, podniosły na tarczy Fokasa i swoim go imperatorem okrzyknęły. Elekcye naszych królów w polu i zbrojno wzięły przykład od Germanów. Z liczby tych różnych królów i wodzów germańskich, gdy wojska wyszły w pole, obierał się powszechny hetman i powszechną nad wszystkimi udziałowymi przywódzcami piastował władzę, jakiej z nich żaden nie miał w czasie pokoju. Dla czego Cezar w k. VI *Bell. Gall.* powiada: *„in pace nullus et communis magistratus"*, to jest, że każdy naród udzielnym i zwyczajnym sobie rządził się sposobem. Przodkowie nasi mając wiele zwyczajów od dawnych Germanów wziętych, podobnym także sposobem w zdarzonych wojnach postępowali. Wspomina o tem Bogufał na kar. 21, choć w pomięszaniu różnych baśni, z gminnego podania wziętych. *„Lechitae qui nullum regem, seu principem inter se tanquam fratres habere consveverunt, sed duodecim discretiores eligebant, qui quaestiones definiebant, et rempublicam gubernabant, nulla tributa seu invita servitia ab aliquo exigentes. Gallorum* (Franków) *impetum formidantes, quemdam virum strenuissimum, nomine Krak, in eorum capitaneum seu ducem exercitus, ut verius dicam, nam juxta polonicam interpraetationem dux exercitus wojewoda apellatur, unanimiter elegerunt."* Były u nas, jak w dawnej Germanii, różne powiaty Słowian swojemi nazwiskami uszczególnione, które w pierwiastkach składając jedno ciało rzeczypospolitej słowiańskiej, każdy w swoim udziale własny rząd mieli, i własnego starszego. Być mogło, że polska rzeczpospolita miała *duodecim pagos*, to jest powiatów. Ztąd urośli oni dwanaście wojewodowie, po dwakroć w kronikach naszych panujący. Gdy Frankowie poczęli cisnąć Słowianów za Elbą, dokąd się dawniej polskie dzierżawy przytykały, Polacy obierali sobie powszechnego wodza na wojny, jako się z powieści Bogufała pokazuje. Znajdujemy powszechne przykłady wybranych wodzów i w innych słowiańskich narodach, jako to Syrbach, Bohemanach i Obotrytach, co wszystko dowodzi, że rząd

nic; [1] hetmani przykładem raczej i szacunkiem osobistej cnoty, niżeli rozkazem w bitwach przywodzą. Karać, więzić, smagać, nikomu prócz kapłanom nie wolno [2]. Takowe zaś kaźnie, mniemaniem ich nie są z rozkazu wodza, lub jakiej zwierzchności ziemskiej, lecz jakby z woli Boga, którego przytomnym być w obozie wierzą, i obrazy pewne z proporcami z gajów świętych, idąc do potyczki, wynoszą [3]. Największą u nich do męstwa pobudką, że się nie przypadkiem ja m w zwyczajne szykują hufce i zastępy, lecz każda familia osobno do boju stawa, mając pobliżu żony i dzieci, zkąd słychać niewieście wycia i wrzaski niemowlęce [4]. Te są u nich najwierniejsze dzielności świadectwa, te najwymowniejsze pochwały. Po bitwach niosą zadane rany do żon i matek: tam odwagi rachunek, tam gnusności wyrzuty; same nawet pomiędzy szyki z pokarmem i napojem odważnie idą.

---

dawnych Germanów wszedł powoli do sąsiedzkiego narodu Słowian.

[1] Królikowie Germanii w niektórych jej prowincyacn nie byli samowładni. Rządzili oni nie sami, ale z gminem krajowym; była to raczej monarchia zmięszana z demokracyą. Julius Cezar w k. V *Belli Gallici* przywodzi mówiącego Ambioryxa królika Eburonów, jednego z powiatów Germanii: *„sua esse ejusmodi imperia, ut non minus haberet in se juris multitudo, quam ipse in multitudinem.“*

[2] Aby zwierzchność świecka mniej miała nienawiści, a karząca ręka więcej powagi. Cezar w k. VI powiada: *„Cum bellum civitas aut illatum defendit, aut infert, magistratus qui ei bello praesint, ut vitae necisque habeant potestatem, deliguntur.“*

[3] Obrazy różnych zwierząt, jak to widać w k. IV r. 22 historyi Tacyta. Wynosili razem Germanowie zabrane nieprzyjaciołom znaki wojenne, chorągwie, proporce, które w gajach swoich świętych, bo u nich bóżnic nie było, chowali złożone. Obrazy te zwierząt były znakami szczególnych pułków, jak u nas na chorągwiach widzieć orły, pogonie, lwy, gryfy, niedźwiedzie. Chorągwie zaś nieprzyjacielskie pobudzały do męstwa.

[4] O takim sposobie szykowania jest mowa w historyi Tacyta k. IV roz. 18. w Rocz. Dziejach k. XIV r. 34. Obacz też o tem Cezara *in Bell. Gall.* w k. I roz. 57.

VIII. Zdarzyło się, jak słychać, że kilka ich wójsk pogromionych i już w rozsypkę idących, przywiodły znowu do sprawy przytomne niewiasty, uporem próśb, zarzutem własnych piersi [1]), a żywemi wyrazami niewoli swojej, której się Germanowie bardziej niżeli własnej lękają. Jakoż te miasta u nich najwierniej w przymierzach stoją, które w zakładzie szlachetne panienki dają [2]). Upatrują oni we płci żeńskiej coś świętego i prorockiego: nie odrzucaja rad, nie gardzą wyrokami [3]). Widzieliśmy za czasów Wespazyana Weledę [4]), długo od gminu jakby za boginię mianą [5]). Przed nią Aurynii i innym wielu podobną cześć oddawano, nie z pochlebstwa wprawdzie, lecz ani jeszcze przyznając, aby to jakie bóstwa były [6]).

------

[1]) Dla wstrzymania ucieczki mężów lub natarczywości nieprzyjaciół. Dion Cassius w k. LXXI powiada, że gdy Marek Aureli cesarz zwyciężył Kwadów i Markomanów, *inter cadavera barbarorum, corpora mulierum armata reperta sunt.*

[2]) Do tego się ściąga, co pisze Swetoniusz w życiu Augusta r. 21: „*a quibusdam novum genus obsidum, faeminas exigere tentavit, quod negligere marium pignora sentiebat.*“

[3]) Plutarch toż samo powiada o niewiastach celtyckich. Cezar w k. I r. 50, *de Bell. Gallico*, pisze, że gdy będąc sam wodzem na wojnie z Gallami wybadywał z więźniów, czemu się Aryowist ich hetman nie potykał, usłyszał odpowiedź: „*Quod apud Germanos ea consuetudo esset, ut matres familias eorum sortibus et vaticinationibus declararent, utrum praelio committi ex usu esset nec ne; eas ita dicere, non esse, fas Germanos superare si ante novam lunam contendissent.*“ Strabon w k. VII opisuje barbarzyński i krwawy obrządek czarownic cymbryjskich, jakiego one używały podczas wojen. Takowe czarownicze bab sprosnych guślarstwa w czasie wojennym, przeniosły się nawet od Germanów do Słowian pogranicznych, a od nich do nas przeszły. Kronika *Montis sereni* spółczesna powiada, że podczas wojny, którą miał Władysław Laskonogi w roku 1209 z Konradem margrabią Miśnii, znajdowała się w obozie polskim jakaś czarownica, która nosiła przetak, i to naczynie wodą bez wycieku nalewała. Obacz t. III historyi naszej w k. II r. 33.

[4]) Obacz o tej Welledzie hist. Tacyta k. IV r. 61. 65.

[5]) Wzięta potem od Rzymian w niewolę, mniemanie bóstwa swojego straciła.

[6]) Gdy żyła ta Aurynia, jeszcze Germanowie do tego nie przyszli zabobonu, aby podobnym zwodnicom cześć boską przy-

IX. Między bogami w największym mają poszanowaniu Merkuryusza, którego w pewnych dniach krwią nawet ludzką błagać wolno być sądzą [1]). Herkulesowi z Marsem z bydląt ofiary czynią [2]). Część Swewów Izydzie także pokłon oddaje [3]). Zkądby zaś początek wzięło obce to nabożeństwo, niewiele się mogłem dowiedzieć; chyba że bogini postacią galery ukryta oświadczy, iż pospołu z obrządkiem swoim z zamorza jest przywieziona [4]). Zawierać bogi w ścianach, albo się

---

pisowali. Obacz Tacyta w hist. k. IV roz. 61. O tych guślarkach obacz Keyslera: *Antiquitates Septemtrionales.*

[1]) Dla tej podobno przyczyny co i Gallowie dawni, jak pisze Cezar *de Bell. Gall.* w k. VI roz. 17. *„Hunc omnium inventorem artium ferunt, hunc viarum atque itinerum ducem, hunc ad quaestus pecuniae mercaturasque habere vim maximam arbitrantur.“* Germanowie przez sąsiedztwo z Rzymianami, naciągnęli od nich wielości bożków w przeciągu czasów. Stać się to musiało już po zejściu Cezara, który za swoich lat powiada w k. VII r. 21, że tylko chwalili *„Solem, Vulcanum et Lunam, reliquos ne fama quidem acceperunt “* Podobał się potem najbardziej Germanom Merkury dla pożytków, których był sprawcą, w handlu, podróżach, rękodziełach.

[2]) Tacyt w Rocz. Dziejach k. XIII r. 57 powiada, że Germanowie na ofiarę Marsowi i Merkuryuszowi brańców wojennych zabijali. O tymże świadczy Lukan w k. I. *„Et quibus immitis placatur sanguine diro Teutates* (Merkuryusz) *horrensque feris altaribus Hesus* (Mars).“ Widzieć takowe świadectwa i w Prokopie de Bell. Gothico w k. II. Germanowie przynajmniej ci, których dla sąsiedztwa ze Scytami nazywano *Celto-Scitae*, wzięli ten okrutny obyczaj od Scytów, o których obszernie pisze erodot w k. IV.

[3]) Izys sławna bogini egipska. Egipcyanie, jak nauk tak bałwochwalstwa dali początek w wielu narodach. Zwyczaje ich przeniosły się do Greków: Grecy onych Rzymianom, Rzymianie innym użyczyli.

[4]) Obrządek ten Izydy pod postacią galery, czyli okrętu albo statku wodnego, objaśnia *Muratori in Thesaur. Inscrip.* w t. I, gdzie widzieć boginią Clatra, która była taż sama co Izys. Trzyma ona w prawym ręku brząkadło, czyli instrument muzyczny nazwany *sistrum*, z wężem; w lewym miarę wylewów rzeki Nila; na głowie nosi koszyk, a w tyle widzieć okręcik. Germanowie nie mieli zwyczaju dawać bogom postaci ludzkiej, przeto ich naród Swewów wielbił tę boginią pod figurą galery *(liburna)*. Swewowie mieszkali bliżej Elby i Dunaju: prowadzili z Rzymianami handel wodny. Niedziw zatem, że się od nich nauczyli

28

im pod ludzkiemi wizerunkami kłaniać, mają za rzecz niegodną ich majestatu [1]). Gaje im tylko i lasy świecą; a odludne owe ustronia boską mieszkalnią być mie niąc, z poszanowaniem na nie patrzą [2]).

X. Żadnego narodu niemasz, coby tak pilnie losów i wróżek postrzegał [3]). Sposób losowania mają prosty. Uciąwszy z drzewa owocowego rószczkę, sieką ją na kolanka, które pewnemi cechami oznaczone rzucają trafunkiem na biały płatek [4]). Na powszechnej radzie kapłan narodowy, a na prywatnych schadzkach gospodarz miejsca pomodliwszy się bogom i wejrzawszy w niebo, bierze potrzykroć każdą sztukę, i podług wyrażonego znaku tajemnicę wykłada. W przypadku niepomyślnej odpowiedzi, już się tego dnia więcej naradzać nie godzi; przeciwnie zaś, dla większej wiary powtórne czyni się doświadczenie. Zwyczaj postrzegania

---

wielbić to mniemane bóstwo, mające opiekę nad żeglarstwem Jak wiele Germanowie mieli w religii swojej obrządków egipskich, obacz o tem uczone dzieło Schoepflina: *Alsatia Illustrata*. Co się zaś tycze figury galery, jak Rzymianie dawniej przybycie do swoich krajów Saturna oświadczali wybijanemi pieniądzami ze znakiem galery, tak inne od nich narody ten zwyczaj wzięły.

[1]) Odmieniło się potem to zdanie, Germanowie za czasem wyrzynali bogi na podobieństwo ludzkie, i bóżnice im stawili. O świątyni sławnej Tanfana, obacz Rocz. Dzieje Tacyta w k. I roz. 51.

[2]) Obacz o tych latach Roczne dzieje Tacyta k. II roz. 12. K. IV r. 73. Historyą k. IV r. 14. Pięknic Seneka w liście 41. *„Si tibi occurrit vetustis arboribus et solitam altitudinem egressis frequens lucus, et conspectum caeli densitate ramorum aliorum alios protegentium submovens; illa proceritas silvae, et secretum loci, et admiratio umbrae, in aperto tam densae atque continuae fidem tibi numinis facit."*

[3]) Zwyczaj ten był powszechny we wszystkich narodach barbarzyńskich, gdzie im mniej czystej religii i rostropności, tem więcej zabobonów. Gmin prosty w narodzie naszym lubo oświeconym, mianowicie na Rusi pod rządem duchownym grubych i nieuczonych popów, codziennym jest tego świadkiem. Mądre i przykładne prace zacnego metropolity i biskupów, zakładając pożyteczne szkoły dla samych duchownych, już dzielnie zabiegają, aby oni nie byli ślepi i wodzami ślepych.

[4]) Myśl ludzka, w pewnych tylko od stwórcy wiadomości granicach zamknięta, szukała zawsze przedrzeć się za ten obręb, i rzeczy przed sobą zawartych ciekawością dosięgnąć. Nie idąc

lotu i gwaru ptaków, jest im także znajomy [1]); właściwsza atoli przypatrować się obrotom końskim, i czynić ztąd wnioski na przyszłość [2]). Chowają się te konie publicznym kosztem w tychże samych lasach i gajach, wybrawszy co najbielsze, i do żadnych jeszcze posług ludzkich nie użyte, które gdy się do świętego wozu założą, idzie podle kapłan albo król, lub pierwszy w powiecie, z pilnym przysłuchem poryżaniu i sapom. Takowe wróżki najznakomitszą mają powagę nietylko w gminie, ale w celniejszych nawet i w duchowieństwie. Mają albowiem siebie za tłómaczów boskich, a nakoniec za składy ich tajemnic. Jest jeszcze inny rodzaj wieszczby, w czasie ciężkich wojen do badania przyszłych powodzeń stósowny. Dostawszy jakimkolwiek sposobem więźnia narodu, z którym wojnę toczą, stawią mu na przeciw wybranego ze swoich chłopa, i uzbroiwszy obu po

do raju, gdzie pierwszy nasz rodzic chciał poznać w smaku jabłecznym *scientiam boni et mali*, możemy to zuchwalstwo pomknąć do najdawniejszych wieków. Cycero w księdze: *De Divinatione*, mówi: że ta wróżbiarska nauka *„Divinatio ab omni aeternitate repetita est.“* Po rozproszeniu narodów była ona u Celtów zdaniem Dyodora w księdze piątej *„a longinqua vetustaque observatione.“* Przeszła potem do Scytów, jako świadczy Herodot w k. IV. *„Apud Scythas permultos esse divinatores, qui pluribus lignis salignis divinare solent.“* Ten sposób wróżek scytyjskich na kawałkach drzewa, który opisuje Herodot, wszedł do sąsiednich Germanów, a od nich i inne narody zaraził. Gdy Słowianie osiedli za Wisłą i ponad Elbą kraje dawne Germanii, znalazłszy tam zabobony germańskie, przywłaszczyli one sobie, i więcej jeszcze do nich ze swego domysłu przydali. Sposób wróżenia dawnych Germanów, objaśnia zwyczaj Rugianów słowiańskich, opisany od gramatyka Saxona kronikarza duńskiego we XII wieku w k. XIV. *„Tribus ligni particulis, parte altera albis, altera nigris, in gremium sortium loco conjectis, candidis prospera, furvis adversa signabant.“* Ślady starożytności wieszczbiarskiej widzieć w piśmie nawet świętem, w Ezechielu XXI, 21 i 22 — Ozeaszu IV 13.

[1]) Wzięli to Germanowie od Rzymian, Słowianie od nich. Pozostałe dotąd ślady tych zabobonów widzieć w naszem pospólstwie. Sroka skrzecząca oznajmuje o gościach, puhacz nocny na dachu nieszczęściem grozi; lot bociani pierwszy raz na wiosnę postrzeżony podróż znaczy, i inne tym podobne bałamuctwa zdatne tylko do okrasy poetyki wiejskiej.

[2]) Zwyczaj ten mieli dawni Persowie, jako świadczy Herodot w k. III, o koniu owym, który rżeniem swojem Daryusza do

swojemu, każą się potykać; los pacholczy jest godłem przyszłego dla strony szczęścia ¹).

XI. O sprawach lekszej wagi radzi starszyzna, o główniejszych wszyscy, tak jednak, że co gmin ma postanowić, to być musi i wyżej roztrząśniono ²). Schodzą się, jeśli niespodziana jaka nie zajdzie przeszkoda, w pewnych dniach, kiedy księżyc jest na nowiu, albo w pełni, rozumiejąc że te pory są najpomyślniejsze do zaczęcia obrad. Nie mierzą czasu dniami, jako my, ale nocami, datując niemi schadzki swoje i zapozwy sądowe. Noc tam zdaje się dniowi przodkować ³). Z wolności ich ta wynika wada, że się ani razem, ani na

---

tronu przeznaczył. Tenże w k. I mówi o koniach białych świętych w wojsku Cyrusa; a w k. VII powiada, że przed zwyciężonym Xerxesem szły także konie i wóz poświęcony. Przyczynę tego obrządku daje Justinus w k. I. *„Nam et solem Persae unum Deum esse credunt, et equos eidem sacratos ferunt.“* Religia Persów o słońcu i jego powozie dała okazyą Grekom, nowości i baśnie lubiący , do zrobienia historyi o Faetonie. Gramatyk Saxon pisze w hist. duńskiej, że kapłani narodu Słowiańskiego Rugianów, b ali także¹ powód do swoich proroc.w z uwag nad końmi białemi. Są i u nas ludzie, którzy nieszczęśliwych pojedynków, lub innych przypadków przestrogę koniom przyznają. Być może, że rządząca światem Twórcy opatrzność, upomina czasem przez bydlęta tych zapamiętalców, którzy własnego rozumu nie słuchają: *„Interroga jumenta et docebunt te“* mówi pismo święte.

¹) Z tego Germanów zwyczaju wzięły gorszący pochop pojedynki. Ten jednak barbarzyńskiej starożytności dowód wszedłszy potem w narody chrześciańskie, długo był miany za jakowyś sąd boski i przeznaczenie, mięszając czystość religii z pogańskiemi zabobonami. Wiele o tem pisze uczony Montesquieu w k. VII *Esprit de loix.*

²) Tacyt tę starszyznę nazywa *principes*. To słowo *princeps* nie miało w onych wiekach tego znaczenia, jakie ma teraz. Służyło to imie ludziom w kraju znaczniejszym sławą, majątkiem, rozumem, których gmin pospolity jak ojców jakich słuchał. Z wyrazów Tacyta poznać łatwo, jaki był sposób i gatunek rządu u Germanów. Rząd angielski zdaniem uczonego Montesquieu w księdze VI, wypłynął bez pochyby z tego Germanów zwyczaju. Możnaby coś podobnego znaleść i w naszym rządzie, gdy były *Senatus Consulta*. Odbywały się tam sprawy pomniejsze z referencyą do sejmów. Większe stanowiły się na sejmach w izbie poselskiej, tak jednak, że o tem samem i senat w izbie swojej wotował.

³) W pierwiastkach świata, czasy poczynały się od nocy,

czas wyznaczony schodzą; ztąd bywa, że częstokroć kilka dni przez tę opieszałość próżno upływa. Za dopełnieniem liczby, zasiadają zbrojni [1]). Duchowieństwo, które i tam ma prawo gospodarzyć, nakazuje milczenie. Potem król, albo przedniejszy z krajowych, a za nimi drudzy według wieku, godności, zasług wojennych, przymiotów wymowy, porządkiem głosy zabierając, sposobią umysły bardziej ważnością przyczyn, niżeli mocą rozkazów. Jeśli się zdanie nie podoba, odrzucają one powstającym gwarem; jeśli zaś do smaku, biją szablami po tarczach na znak zgody. Najszlachetniejszy to rodzaj zezwolenia, uzyskać orężną pochwałę.

XII. Wolno też na sejmie obwiniać złoczyńców i gardłem karać. Każdy występek właściwą każń odnosi. Zdrajców i zbiegów wieszają na drzewach [2]), gnuśni-

---

jako mamy w piśmie świętem Geneseos I, w wierszu 5, z tej przyczyny, że Bóg stworzył pierwej świat w sobie ciemny i niezgrabny, a dopiero potem światło wyprowadził. „*Factumque est vespere et mane dies unus.*“ Gallowie i inni barbarzyńcy, z upływem czasu a usunieniem się narodów od gniazda stworzenia i pierwiastkowej religii, pofałszowały źródło prawdy, zostawując jej atoli niektóre ślady. Juliusz Cezar w k. VI rozd. 18 o nich powiada, „*se omnes a Dite patre* (bożek ciemności) *prognatos praedicant, idque a Druidibus* (duchowieństwo ich i prawodawcy) *proditum dicunt. Ob eam causam spatia omnis temporis non numero dierum, sed noctium finiunt, et dies natales, et mensium et annorum initia sic observant, ut noctem dies subsequatur.*“ Tej Gallów narodu celtyckiego równie z Germanami starożytności została pamięć w dawnym języku francuskim *annuict*, to jest tej nocy, czyli dziś. Ztąd wyszedł staroświecki wyraz w mowie prawniczej: „*Comparoir dedans les nuicts.*“ Widzieć toż samo *in lege salica titulo 48: inter decem noctes. Titulo 50: in noctes quadraginta.*

[1]) Ślady zbrojnego sejmowania Germanów przeszły w późniejszych wiekach do Franków, u których pod panowaniem Merowingów podobne zjazdy nazywały się *les champs des Mars;* pod Karolowingami *les champs de Mai;* potem: *les Cours plenieres de Noel et Pâques;* a nakoniec: *les Etats Généraux.* Przodkowie nasi Scytowie mieli także obrady swoje zbrojno, jako to widzieć w opisie Klaudyana: „*Consedere patres pellita Getarum curia.*“ Sejmy też nasze konne zdają się mieć w sobie szczątek jakowyś starożytności germańskiej.

[2]) Tak jednak, żeby nie zaraz się zadusili lub umarli, jako świadczy Grzegórz turouński o Rykulfie kleryku, w k. V roz. 50.

ków zaś, tchórzów [1] i wszeteczników [2], w bagnie albo w błocku przywaliwszy kratą, grążą. Takowa różność kary dla tego jest ustanowiona, aby zbrodnie publiczne wszystkim były jawne, a sromoty osobiste w wiecznej ugrzęzły niepamięci. Leksze przestępstwa nie są też bez nagany według pomiaru grzechów. Winowajca opłaca się końmi, bydłem, dając część królowi lub miastu, część ósobie pokrzywdzonej, albo jej krewnym [3]. Na tychże sejmach obierają się starsi, do szafunku sprawiedliwości w powiatach i włościach [4], z przydaniem każdemu stu wybranych z gminu towarzyszów, którzy wespół z nimi zasiadają w radzie i sprawy sądzą.

XIII. Żaden się nie pokaże bądź publicznie, bądź

„Ab hora tertia dies revinctis post tergum manibus suspensus ad arborem dependebat; ad horam vero nonam depositus, extensusque ad trocleas caedebatur fustibus, virgis et loris duplicibus etc." W prawie salickiem, *lex salica,* nie godziło się nikomu pod wielką karą zdejmować z drzewa takowego zbrodnia.

[1] *„Ignavos et imbelles."* To jest tych, którzy będąc w obowiązku służby żołnierskiej, zawołani od starszych na obronę ojczyzny, pod chorągiew nie stawają. Obacz Cezara *de Bell. Gall.* w k. VI rozd. 22. Widzieć także edykt cesarza Lotaryusza w prawie lombardzkiem, w k. III titulo XIII. *„Quicunque liber homo* (szlachcic lub mający posesyą ziemską) *a comite suo fuerit admonitus, aut ministris ejus, ad patriam defendendam, et ire neglexit, et exercit supervenerit ad istius regni vastationem, vel ad contrarietatem fidelium nostrorum, capitali subjaceat sententiae."* Gdy w naszym kraju nie było jeszcze regularnej i płatnej milicyi, ale każdy szlachcic z gruntu który trzymał, winien był służbę wojenną pełnić osobiście z więcej lub mniej koni i pachołków, według taxy posesyi, znajdujemy w historyi i w prawach przepisane kary na niestawających do obozu. Dawniej wojewodowie, których właściwie zwać można *duces,* albo *Comites Palatini,* obyczajem wziętym od Niemców i Franków, czynili popisy rycerstwa, i w pole na zawołanie książąt wyprowadzali.

[2] *„Corpore infames"* Sodomczyków. Nieznajome dawniej w Polsce takowe zbrodnie, nazwiska nawet właściwego nieznalazły.

[3] Nie mieli Germanowie, jako się mówiło wyżej, innych dostatków prócz dobytku. Gdy się potem u nich pokazało złoto i srebro, odmieniły się kary w płatki pieniężne. Została atoli pamięć dawnego zwyczaju.

[4] Mówiliśmy wyżej, że Germanowie dzielili się na narody

prywatnie bez broni; nikomu jednak nie wolno jej no-

---

czyli prowincye, *populi*, tak jak i teraz niemiecką rzeszę składają różne tychże Niemców księstwa, z których się formuje jedno ciało, *corpus germanicum*. Jedne powiaty miały swoich królów, drugim się podobało żyć pod rządem republikańskim, a tam rządzili *principes*, to jest mężowie wybrani czyli starszyzna. Tak w królestwac, jako i w rzeczachpospolitych obierali się w czasie wojny wodzowie, *duces*. Rzeczone narody, *populi*, dzieliły się na powiaty, *pagi*. Tak Semnonów naród, jako będzie niżej, liczył w sobie sto powiatów, *centum pagos*. W każdym z tych powiatów, albo raczej w mieścinie z okolicznem wsiami, był jeden *princeps* czyli starszy, który porządku i sądów pilnował. Powiaty dzieliły się *in vicos*, na włości, okolice nazwane Hundertami, iż w sobie sto wiosek zawierały. Każda zaś wieś miała swego także starszego, albo raczej setnika. Tacyt nazywa tych setników *comites;* z tej przyczyny, iż każdy *princeps pagi*, czyli starszy powiatowy, miał sobie przydanych przez obiór sejmowy sto towarzyszów, *comites ex plebe*, którzy z nim pospołu składali radę prowincyalną. *„Centeni singulis principibus ex plebe comites, consilium simul et auctoritas adsunt.“* Setnicy, *comites ex plebe*, sądzili po swoich wioskach sprawy mniejsze, a starszy powiatowy, *princeps pagi*, wszystkie, tak większe jak mniejsze. Prawo alemańskie *titulo* XXXVI powiada: *„Conventus secundum antiquam consuetudinem fiat in omni centena coram comite, aut suo misso* (namieśnik) *et coram centenario ipsum placitum fiat.“* Znajduje się takoweż *in Capitularibus* Karola IV i Ludwika cesarzów, *titulo* III, 79: *„Ut nullus homo in placito centenarii neque ad mortem, neque ad libertatem suam amittendam, vel ad res reddendas, vel mancipia judicetur; sed ista in praesentia comitis vel missorum nostrorum judicentur.“* Wzięli Germanowie ten zwyczaj od Rzymian dla sąsiedztwa z nimi, u których były te nazwiska dostojności i urzędów: *Caesar, Legatus caesareus, Comes, Legati.* Gdy królowie Franków opanowali Germanią, i rząd jej republikański zamienili w monarchią, zostały ślady dawnego rządu w nazwiskach komesów. Zamiast komesów dawnych, *principes*, albo starszyzny powiatowej, byli przy boku cesarskim *comites majores*, czyli *comites palatii*, którzy mieli sądową juryzdykcyą po powiatach, a mniejsi i od nich dependujący po miastach i w drobniejszych kraju udziałach. Dawni Germanowie odprawowali swoje zjazdy sądowe pod niebem, na wzgórkach, pod drzewem jakiem rozłożystem, dla cienia i chłodu. Czasy schadzek i sądów za pogaństwa były na nowiu księżyca albo w pełni, jako wyżej mówiono. Za cesarzów chrześciańskich miały także swoje postanowienie. Czytamy w prawach Alemanów pod tytułem XXXVI: *„Ipsum placitum fiat de sabbato in sabbatum, aut quali die comes aut centenarius voluerit, a septem in septem noctes etc.“* Słowianie przodko-

sić, bez uznania zdolności od współobywatelów [1]. Gdy
wiek dośpieje, prowadzą młodzieńca do gromady,

---

wie nasi, obyczajem Germanów, których kraje w V wieku osiadł-
szy, rząd ich przyjęli, dzielili się także na różne narody, jedno
ciało czyli *corpus slavicum* składające. Obotryci z Rugianami i Ma-
rachami czyli Morawcami mieli swoich królików. Czechowie rządzili
się prawem wolności z początku, nim się w rząd monar-
chiczny zmienili. Polacy czyli Lachowie byli także wolni, jako
świadczy Bogufał, wyżej od nas cytowany. *„Duodecim discretiores et locupletiores ex se eligebant."* Znać że naród
polski składał się w pierwiastkach ze dwunastu powiatów, *pagi*,
zkąd się urodzili w kronikach naszych dwanaście wojewodowie i
mniemana anarchia. Byli to raczej *principes pagorum*, starszyzna powiatów, którzy za odmianą rządu w monarchią, zostali
jak u Niemców *comites palatini*, to jest rządzcami i sędziami
udziałów swoich, a czasem i wodzami wójsk powiatowych, ja-
kimi u Niemców byli także ciż sami *comites palatini*. Setnicy, *centenarii* Germanów, albo jak ich nazywa Tacyt *comites plebis*, jak
potem w Niemczech za monarchii zamienili się *in comites mino-
res*, to jest sędziów i rządzców ziem drobniejszych, tak i u nas
dali początek kasztelanom albo gubernatorom zamków królewskich z ich okolicami, których pewna liczba zawierała się w wo-
jewództwach. Te ziemie nazywały się *castellaniae*, i było ich
więcej niżeli teraz, jako widzimy ze starszych przywilejów. Za
rzeczypospolitej starych Lachów, prócz starszyzny powiatowej,
principes, czyli jak ich nazywa Bogufał z podania starożytnego,
duodecim discretiores, i prócz ich towarzyszów sądowych, *comites castellani*, z którymi sądy prowincyonalne, albo roki większe,
termini majores odprawowali w polu obyczajem Germanów, co
się i za monarchów potem praktykowało, *sub papilionibus*; prócz
mówię tych urzędników cywilnych, obierał naród wodza czyli
wojewodę w czasie wojennej trwogi. Wyraźnie o tem mówi Bogufał na karcie 21, jakośmy wyżej mówili. Za monarchii,
czasem książęta nie potrzebowali żadnego hetmana, mając tylko
pod swoją komendą *comites majores*, *comites palatinos*, którzy
obyczajem Niemców razem byli *duces exercitus*, czyli wojewodowie, czasem też wybierali sobie według woli swojej udzielnego
wodza, jakośmy mówili w t. I, w II Historyi polskiej. Z tych
wszystkich powieści pokazuje się jawnie, jak wiele rząd nasz
polski naciągnął zwyczajów od starych Germanów.

[1] Chodzono nawet na sądy zbrojno. Prawo salickie mówi *titulo* 47. *„In ipso mallo* (koło sądowe) *scutum habere debent."*
Ten obyczaj zachowują dotąd nietylko kraje rodu germańskiego,
ale i potomkowie Sarmatów i Słowian. U nas szabla jest znakiem
szlachectwa, przeciwnie Rzymianie starzy nie nosili broni, chyba
na wojnie.

gdzie mu albo starszy powiatowy, albo ojciec, lub krewny daje spisę i puklerz [1]. Ta jest u nich męska szata [2], ta najpierwsza młodości chluba; przedtem niedorostek był tylko cząstką domu, odtąd zaczyna być rzeczypospolitej. Wysoka rodowitość, zasługi rodziców znamienite, jednają często ich potomstwu, acz małoletniemu, pierwszeństwo między młodzieżą [3]. Wreszcie po tym obrządku, zaraz idą w poczet dojrzalszego już i zdawna ćwiczeńszego rycerstwa, ani mają za wstyd liczyć się pomiędzy towarzystwem rządowej zwierzchności [4]. Kto mu przodkuje, dzieli i wyznacza według

---

[1] W pośledniejszych nawet czasach narodu niemieckiego widzieć w kronikach różne przykłady, jako cesarze, królowie, synom swoim miecze przypasowali. Z Niemiec przeniósł się do nas ten zwyczaj. Władysław Herman przypasał szablę synowi Krzywoustemu w Płocku, jako się mówiło w Historyi polskiej t. II. Bogufał powiada pod r. 1245 o książętach wielkopolskich; *„Praemislaus dux fratrem suum Boleslaum gladio cinxit militari.“*

[2] Rzymianie przychodzącej młodzieży do pewnego wieku dawali szatę nazwaną *toga*. Germanowie tarcze i spisę. Z aje się, iż ten obrządek odprawował się piętnastego roku życia, kiedy młodzieniec poczynał nabierać sił i zdolności do rzeczy wojennych. Obacz w Senece list XXXVI i tegoż księgę *de Ira* I, 11.

[3] Tacy byli u Rzymian *principes juventutis*. Miał i ten wiek swoją dystynkcyą, aby się tem do dalszych dla ojczyzny posług przysposabiał.

[4] Tacyt mówi: *„nec pudor inter comites aspici“* Z powieści Tacyta byli u Germanów dwojacy *comites*, jedni cywilni do pomocy rządu krajowego starszyznie, *principibus*, w rzeczach pospolitych. jako się mówiło wyżej; drudzy *comites* rycerscy, o których teraz mowa. Tych ostatnich możemy nazwać towarzystwem, jakie jest teraz u nas, choć z niejaką według czasów i obyczajów odmianą. Wszelako i nasze wojskowe towarzystwo początek swój ztamtąd zasięgać zdaje się. Powaga jego w wojskach jest wysoka; każdy w nim szlachcic, rodzice mają sobie za honor wpisywać w poczet towarzystwa narodowego dzieci swoich nawet niedorosłych. Montesquieu w k. XXX r. 3 nazywa tych towarzyszów *comites, compagnons*. Niemcy ich zowią *Gesell*, jakoby towarzysz orężny Stan żołnierski u Germanów, tak jak w innych narodach, był zawsze poczytany za najpierwszy. Prerogatywy towarzystwa były u nich osobliwe, tak dalece, że gdyby kto takiego towarzysza ranił lub zabił, większej we trój-

woli swojej pewne stopnie, zkąd rośnie emulacya w jednych, aby się rangą co najbliżej do swego przymknęli wodza; w drugich, aby najwięcej i najżwawszych mieli przy boku junaków. Na tem ich zacność, na tem potęga zawisła, widzieć na koło piękne wybranej młodzieży grono, zkądby w czasie wojny zaszczyt, w pokoju ozdobę mieć mogli. Liczba takiego towarzystwa pomnaża im u swoich sławę, u pogranicznych szacunek, szukają z nimi obcy przymierza, wyprawując poselstwa, darząc upominkami, a odgłosem potęgi same się wojny uprzedzają lub kończą.

XIV. Gdy rzecz przychodzi do bitwy, byłaby wielka zniewaga dla przodkującego, ustąpić w męstwie towarzyszom, a tym przeciwnie, cnocie wodza nie wyrównać. Najsromotniejsza atoli i na całe życie obelżywa, zostać przy życiu, gdyby wódz na placu poległ [1]. Zasłaniać go od szwanku, bronić, i wszystkie dzieła osobiste ku chwale jego kierować, mają za najświętszy obowiązek. Wodzowie walczą za zwycięstwo, towarzysze za wodza. Jeśli rzeczpospolita jaka długim pokoju przeciągiem zaległszy pole, martwieje, młódź wszystka szlachetna

---

nasób podlegał karze pieniężnej, niż za głowę prostego szlachcica. Tacyt powiada, że każdy starszy powiatowy, *princeps*, miał pewny poczet tego to młodego towarzystwa, a im go miał więcej, tem go bardziej swoi i obcy poważali. Asystowała ta młodzież starszyznie przy boku. Z tego zwyczaju urodzili się potem za cesarzów i książąt w Niemczech *armigeri*, giermkowie, noszący broń książęcą, także *comites* we dworach cesarskich, którym monarchowie za posługi wojenne nadawali dziedzictwa, lub starostwa dożywotnie. Gwardye, zgromadzenie kadeckie lub inne jakie najwybrańsze poczty mocarzów teraźniejszych, prowadzą swój także początek od towarzystwa młodzieży dawnych Germanów. Do tych albowiem wybiera się pospolicie lud, wiekiem, wzrostem i urodą najznakomitszy. Cesarz teraźniejszy uformował sobie na wzór dawnych Germanów z młodzieży naszej gwardyą galicyańską, na której czele księcia Adama Czartoryskiego generała ziem podolskich postawił.

[1] Ammian Marcellin w historyi k. XVI r. 13 powiada, że gdy Rzymianie poimali Chonodomara króla Alemanów, „*comites ejus ducenti numero, et tres amici unctissimi flagitium arbitrati post regem vivere, vel pro rege non mori, si ita tulerit casus, tradidere se vincientibus.*“

która się tam porodziła, idzie do tych krajów gdzie się wojna toczy. Prócz tego albowiem, że Germanowie nie lubią próżnować, a łatwiejszy dla nich w zdarzonych trwogach sławy nabytek, trudno utrzymać starszyznie liczny towarzystwa poczet bez gwałtów i boju. Jaki taki nalega na swojego wodza [1]), aby mu, lub dzielnego konia, lub zmaczaną krwią nieprzyjacielską broń darował. Cały żołd, stoły hetmańskie, grube i niewymyślne, ale hojnie zastawione; nagrody i darów trzeba wojną a rabunkiem szukać. Łatwiej namówić do zaczepki nieprzyjaciół i na sławę ciała, jak do uprawy roli i oczekiwania żniwa. Gnusność to ostatnia, nabywać w pocie czoła, czego się krwią dorobić można.

XV. W czasie pokoju bawią się nieco myśliwstwem; więcej jednak czasu trawią na biesiadach i ospalstwie. Najmężniejszy u nich i najbitniejszy, spuściwszy dom i rolę na niewiasty, starce, lub jakiego służalca, gnuśnieje bezczynny, dziwnem jakiemści przeciwnej sobie natury zrządzeniem, że ciż sami ludzie lubiąc próżniactwo, nienawidzą razem spoczynku [2]). Swobodne na-

---

[1]) Ztąd urosło prawo lennicze, *jus feudi*, według Montesquieu w k. XXX „*l'Esprit des loix.*" Lecz w pierwiastkach, królowie lub inna starszyzna narodowa kontentowała swoich towarzyszów wojennych, *comites*, drobniejszym jakim darem, koniem, szablą, strawnem; potem gdy się kraj pomnażał zaborem ziem nieprzyjacielskich, a w rycerzach urosła chęć istotniejszej nagrody, zaczęły się rozdawać pieniądze, a nakoniec włości, naprzód dożywotnie, potem dziedzicznie. Ztąd urośli w Niemczech *comites*, grafowie, *marchiones*, margrabiowie, starostowie pograniczni, *landgravii*, jakby gubernatorowie krajów, *burgravii* czyli *castellani*, rządzcy zamków i miast z okolicami. W niemieckiem państwie dla słabości cesarzów, ci rycerscy dożywotnicy, z początku od najwyższej zwierzchności dependujący, zrobili się potem udzielnymi. W naszej Polsce szlachta, to jest stan rycerski, obyczajem Germanów pomnożył się także w majątki nadaniami królów i książąt, dóbr na nieprzyjacielu wziętych, wszakże zawsze z obowiązkiem służby wojennej, *servitii militaris* Nadawano im wioski na własność, potem książęta ze swoich własnych dóbr odrywali cząstki, albo na wieczność, albo dożywociem jako starostwa.

[2]) Owszem niemasz tu żadnego podziwienia. W grubych narodach w niczem się miara nie zachowuje, żadna namiętność

rody mają zwyczaj dawać starszyznie podatek z bydła i zboża; każdy to czyni, lecz z dobrej woli [1]). Takowa danina choć pozór grzeczności i przysługi nosząca, potrzebom nawet publicznym dostarcza [2]). Najchętniej przyjmują upominki sąsiedzkie od stanów i od prywatnych, w \ ybornym rynsztunku, dzielnych koniach, łańcuchach i siądzeniach. Chciwość nasza już ich i pieniądze brać nauczyła.

XVI. Wiadomo jest dosyć, że Germanowie nie mają żadnych miast, i cierpieć nawet nie zwykli, aby ich domy z sobą się stykały. Budują się udzielnie, gdzie

---

nie ma powściągu; przyczyna tego, że wszystko czynią bardziej z zapędu, niżeli z rozumu.

[1]) „*Ultro et viritim*,“ Te są początki danin, *tributa*, składek. Od Germanów przeszedł ten zwyczaj do rzeczypospolitych słowiańskich i do polskiej przed monarchią. Wyżej od nas cytowany Bogufał powiada wyraźnie na kar. 22 o dwnnastu starszych Lechitów „*duodecim discretiores, qui quaestiones inter se contingentes* (spory, sprawy) *diffiniebant, et rempublicam gubernabant, nulla tributa seu invita servitia ab aliquo exigentes.*“ Takowa dobrowolna za czasów rzeczypospolitej danina weszła w powinność za monarchów, zkąd widzieć w dawnych przywilejach królów i książąt naszych wyszczególnione te podatki zbożowe i trzodowe pod nazwiskami: *vacca* krowa, *poledrus* źrzebie, *porcus* wieprz, sep, osep, stróża, to jest dawanie pewnego gatunku zboża. Chciwość panujących więcej jeszcze tych danin przymnożyła w ptastwie, w miodach, zwierzynie, o co częstokroć stan rycerski bunty przeciwko zwierzchności podnosił, jako to widzieć na wielu miejscach historyi naszej narodowej. Atoli i te poślednie daniny wyszły z tychże Niemców. Klotaryusz I i Pepin królowie Franków, wybierali od Saxonów po tysiąc krów i wołów; wkrótce zaś ten podatek pomnożył się miodem, owocami i innym płodem ziemnym, jako świadczy Ekkardus w t. I „*Rerum Franc. Orient.*“

[2]) Na utrzymanie wojen i stołów hetmańskich. „Ekkard *in Reb. Franc. Orient.* powiada, że Germanowie potem królom swoim, prócz różnych podatków *steora*, dawali także *osterstuopha*, to jest wielkanocne pubary, gdy się miały odprawować zjazdy publiczne. Ryxa Niemkini, żona Mieczysława II, wprowadzała do Polski, za świadectwem Długosza, podobne daniny extraordynaryjne, co było okazyą do jej wygnania i rewolucyj krajowych. „*Quod tam regalium quam militarium villarum danias, suffragia, collectas et tributa, singulis praecipue festivitatibus pro mensa et coquina regis solutionem induxerit.*“ Długosz na karcie 190.

się któremu gaj, równina, lub źródło jakie podoba [1]).
Osadzają włości różnym od naszych sposobem, nie stawiąc chałup jednej podle drugiej: każda około siebie
znaczny plac zostawuje, bądź dla warunku od ognia,
bądź dla nieumiejętności budowy [2]). Nie zażywają nawet kamieni i dachówek, klecąc domy z nieociosanego drzewa, bez okazałości i rozkoszy. Niektóre miejsca
lepią kształtnie tak czystą lśniącą się gliną, że farbistemi żyłkami malowidła naśladuje. Kopią także podziemne lochy narzucając ogniem, dla składu zboża i

---

[1]) Trwał długo ten zwyczaj w Germanii. Ammian Marcellin,
który w czwartym wieku po Chrystusie pisał o wojnach Rzymian
w tym kraju, żadnego miasta nie wymienia. Nazwiska miast, niby od Ptolomeusza geografa cytowane, służyły raczej okolicom,
włościom, *vicus*. Lud żołnierski bawiąc się rolą a wojną, nie
potrzebował handlu, manufaktur, które zbytek wprowadziwszy do
krajów, już dla ich składu i obrony zamknięcia murów szukał.
Rozpuszcza się i psuje umysł żołnierski w takowych siedliskach.
Germanowie-tego się wystrzegali. Początek miastom dały zamki,
castra, czyli stanowiska obronne żołnierzów obozujących na pewnych miejscach. Dla ich wygody, a potem i dla zbytku stawiły
się przy okopach sałasze, tasy, lub inne przytułkowe mieszkania
przekupniów. Zakochali się ludzie w spółeczności, i domy potem
przy zamkach pobudowawszy, miasta z tego składu porobili. Dawniejsi Polacy nie kochali się także w miastach; szlachta po
wsiach pilnowali roli i szabli. Książęta sami mogli tylko budować
zamki, dla bezpieczeństwa powiatów i składu żywności na potrzeby żołnierskie, gdyby nieprzyjaciel włości psował.

[2]) Ta ziemi sztuka około domu rozległa i płotem otoczona,
była to owa sławna w starożytności ziemia, nazwana *terra Salica*,
której dziedzictwo u dawnych Germanów do samej płci męskiej
należało. Tak o tem pisze: *Lex Tolica titulo LXII: „De terra
vero Salica in mulierem nulla portio haereditatis transit, sed
hoc virilis sexus aquirit etc.“* Ekkard wyżej cytowany powiada, że
Germani takowe domy nazywali *Sal*, i że około tego domu było
Salbuck, jak Francuzi zowią *courtil*, z obchodem ziemi próżnej,
płotem ogrodzonej. Tę rozległość ziemi z domem nazywano *Seliland*, czyli ziemia salicka, która do samego potomstwa męskiego
należała, przeto że płeć niewieścia do innych ziem przez zamęścia
przechodziła. Takowe gatunki dziedzictw nazywały się także *haereditas aviatica*, dziedzizna, *terra paterna*, ojczyzna, *allodium*,
lenność. Obacz o tem prawa *Allemanorum, Angliorum, Verinorum, Ripuariorum, Salicas*. Budowali Germanowie domy
swoje osobno, dla bezpieczeństwa od ognia sąsiedzkiego w pokoju, a podczas wojny od kul ognistych, które ulepiwszy z gliny i

40

przytułku w zimie [1]). Takowe kryjówki chronią ich
od mrozów; w czasie też wojny, gdy nieprzyjaciel pu-
stoszy włości, o utajonych albo nie wie, albo ich długo szukając, sam się plącze.

XVII. Odzienie ich burka [2]), spięta na szyi przęczką,
lub wniedostatku kolcem głogowym. Wreszcie są nadzy, przeto cały dzień przy ogniu siedzą [3]). Bogatsi
różnią się szatą, nieprzestronną i fałdzistą jak Partowie
i Sarmaci, ale opiętą i dobrze do ciała przymuskaną [4]).
Noszą i kożuchy zwierzęce; lecz pobrzeżni bez wyboru [5]), dalsi i głębsi, nie prowadzący handlu, okazalsze
wdziewają skóry. Dla tej przyczyny upatrują na łowach co piękniejszych futer; cętkują te zwłoki, lub

---

rozpaliwszy, ciskać umieli z proc na dachy słomą kryte, jako pisze Cezar *in Bell. Gallico*, w księdze V, rozdziale 42.

[1]) Starożytni Scytowie, na pograniczu Podola i Ukrainy dawniej mieszkający, używali takich podziemnych domów, jako
świadczy Herodot w k. IV, nazywając tych mieszkańców *habi-
tantes in sepulchris*. Toż samo o Sarmatach powiada Mela w k.
II. roz. 1: *„Ob seva hiemis adeo assiduae demersis in humum
sedibus, specus aut fossata habitant.“* Pełno takich lochów na
Podolu. Pieczary kijowskie do tegoż gatunku należeć zdają się.
Na Podolu i na Rusi dotąd trwa zwyczaj chowania zboża w do-
łach. —

[2]) Obacz wyżej. Tacyt tę burkę nazywa *Sagum* Mela geograf mówi, że Germanowie z kory nawet drewnianej odzienie sobie robią. *„Viri sagis velantur, aut libris arborum quamvis
saeva hyeme.“*

[3]) Tym obyczajem żyje chłopstwo ruskie, w brudnych cha-
łupach i pełnych dymu siedząc, który przez dziury otwarte w pu-
łapie wypuszczają.

[4]) Sarmatów w odzieniu buchciastem naśladowali za Renem
mieszkający Wangionowie, Belgowie, jako świadczy Lukan poeta
I, 430. O sukni węższej i opiętej Germanów mówi Sidonius Apol-
linaris *carmine* V, 244. Tenże Sidonius opisuje w liście IV, 20
towarzyszów Sigimera: *„Quorum pedes perone setoso talos ad
usque vinciebantur. Genua, crura, suraeque sine tegmine.
Praeter hoc vestis alta stricta, versicolor vix appropinquans
exertis poplitibus. Manicae sola brachiorum principia velan-
tes. Viridantia saga limbis marginata puniceis penduli ex
humero gladii, batheis super currentibus strinxerant causa
bullatis latera rhenonibus.“*

[5]) Bliscy Renu i Dunaju, nie szukali okazałości w ozdobach
ze skór rzadszych, woląc one przedać.

nagromiwszy różnego zwierza, co go pobrzeżne dalszego oceanu rodzą krainy, celują z doboru sierci błamy rozlicznych kolorów [1]). Odzienie niewiast w tem się tylko różni od męskiego, iż one częściej zażywają płótna szachowanego szkarłatem, nie noszą też rękawów, mając odkryte ramiona z częścią piersi.

XVIII. Atoli ostre są u nich nader stanu małżeńskiego prawa, i ze wszystkich obyczajów największą mają zaletę [2]). Jedni są prawie Germanowie z barbarzyńców, nie znający wielożeństwa, wyjąwszy małą liczbę tych, którzy nie tak dla lubieżności, jako dla związków z domami szlachetnemi, o kilka żon starają się. Posag nie żona mężowi, ale mąż żonie daje. Przytomni rodzice i krewni taxują dary; nie są to rzeczy do chluby i zbytków niewieścich a ubiorów oblubienicy zdatne, lecz wół, koń pod siodłem, puklerz, włócznia i pałasz. Na te upominki bierze się żona, która wzajemnie mężowi posyła jaki rynsztunek. Te są u nich najściślejsze węzły, te najświętsze ślubnego aktu tajemnice, ci zarękowni bogowie. Żeby się niewiasta nie miała za wyłączoną od spólności cnoty i przygód wojennych, sama tym obrzędem w pierwiastkach zamęścia ostrzega się, jako idzie w równy podział prac i niebezpieczeństw, i że spólna jej być powinna w każdej dobie pokoju lub wojny cierpliwość i przewaga. To znaczą sprzężone w jarzmo woły, to koń gotowy, to oręż dany. Tak jej żyć, tak ginąć należy, ażeby wzięte dary godnie piastując, nieskażoną z niemi sławę potomkom odpisała, a ci też samę następnym prawnukom koleją przesyłali.

XIX. Ztąd idzie, że tam płeć niewieścia w najści-

---

[1]) Barbarzyńskie narody kochały się w odmianie kolorów na szatach, choć bez gustu. Podobała się im zawsze ta różność. Z tego to zwyczaju weszła potem moda gronostajów z dodatkiem czarnych ogonków.

[2]) Wstrzemięźliwość Germanów chwali Tacyt, a Salvianus w k. VII *de gubernant. Dei*, Gotów i Wandalów ich następców. Słowianie wzięli tę ostrość praw od Germanów. Dytmar spółczesny Bolesławowi Chrobremu wypisuje na początku k VIII osobliwsze prawo, które było u Polaków na cudzołostwo. Ustawy Germanów na ukaranie wszeteczników, obacz obszernie *in Legibus salicis*.

ślejszych wstydu obrębach żyje, żadnemi igrzysk powabami, żadną biesiad przynętą nieskażona [1]). Tajemnice pisma jak męszczyznom, tak kobietom są nieznajome [2]). W tak ludnym narodzie rzadko kiedy o cudzołostwie słychać. Mąż ma władzę karać wiarołomną żonę, nie czekając sądowych wywodów [3]). Zwoławszy krewnych urzyna jej warkocz, [4]), odziera z szaty; potem wygania z domu, goniąc kijem przed sobą po całej włości [5]). Która się takiej zbrodni dopuści, niemasz dla niej miłosierdzia. Nie znajdzie dla siebie męża, by nie wiem jakie z urody, wieku i bogactw powaby miała. Nie znają Germanowie żartować z występków,

---

[1]) Pięknie Seneka w liście VII: *„Nihil vero est tam damnosum bonis moribus, quam in aliquo spectaculo desidere. Tunc enim per voluptatem facilius vitia surrepunt. Quid me existimas facere? avarior redeo, ambitiosior, luxuriosior.*

[2]) *„Literarum secreta.“* Germanowie znali pismo, jako świadczy tenże Tacyt w Roczn. Dziejach k. II. w roz. 63, 88, lecz rzadko i po dworach. Gmin tego nie znał w powszechności. Rozumiem, że się to działo dla utrzymania w narodzie ducha wojennego i ostrości obyczajów, które nauki niejako miękczą i psują. Z nich wielkość interesów i intrygi pochodzą, a najbardziej tajemne pisma w rzeczach miłosnych, dla czego wyraz Tacyta *secreta*, do tej materyi ściągać się powinien. Nieznajomość nauk w Germanii zaraziła przyległe im Słowaki. Polacy przez wiele wieków nie znali pisma; duchowieństwo same było składem nauk, dla czego zażywano często księży do urzędów cywilnych i sędziowskich. Jagiełło król, gdy mu list przyniesiono od mistrza krzyżackiego Junningen z wypowiedzeniem wojny, odpowiedział po rusku: *„Ty do mene hramotu, ja do tebe szabloju.“* Wieki następne pokazały światu, że Minerwa bogini jest razem władarką nauk i oręża.

[3]) Surowe prawa na cudzołostwa, obacz *„in Legibus Wisigotorum et Burgundionum.“* Prawa polskie za tenże występek równą niosą surowość.

[4]) U Germanów wielką ozdobę czyniły włosy. Ucinać one było znakiem hańby lub niewoli. Zwyczaj ten przeszedł do duchowieństwa chrześciańskiego. Mnisi goląc sobie głowy, okazywali tą powierzchownością, że idąc pod jarzmo ściślejszej religii, rzucali ze światem najokazalsze jego ozdoby. W pierwiastkach chrześciaństwa całe narody rzucając pogaństwo, głowy sobie postrzygły. Obacz o tem historyi naszej tom I, gdzie o Kazimierzu Mnichu.

[5]) Srogie karania cudzołożnic w narodzie dawnych Saxonów (Westfalia) opisuje ś. Bonifacy arcybiskup moguncki w liście do

ani sromoty modą zasłaniać, kto się jej dopuścił, lub wyrządził [1]). W niektórych krajach lepszy jest zwyczaj, gdzie tylko dziewkom iść wolno za mąż [2]), a postanowienie i nadzieja jednem się tylko łożem określa. Każda tak się łączy z mężem, jak z jednem ciałem i z jednem życiem, nie sięgając myślą i pożądliwością nadal, aby w jednem małżeństwie wszystkie chęci umorzyła [3]). Zamierzać pewną liczbę potomstwa, albo

---

Ethelbalda króla Anglików w te słowa: Jeśli panienka jaka dom ojcowski porubstwem skazi, albo żona złamawszy prawo małżeńskie cudzołostwa się dopuści, przymuszają ją często, aby się własną ręką powiesiła, a po spaleniu jej ciała, na temże zgliszczu gacha jej wieszają. Czasem zebrawszy gromadę niewiast, każą ćwiczyć winną. Pędzą ją te niewiasty po wsiach, siekąc rózgami, albo oberznąwszy odzienie od pasa, kolą nożykami i srodze ranią. W każdej wsi spotyka ją nowa włościanek zgraja, zadając podobną chłostę i rany, póki nie umorzą, lub na poły żywej nie zostawią. Zdarzają się podobne przykłady i w naszym kraju, gdzie zebrane także kobiety na sąd i karę obwinionych, lubo nożami ran nie zadają, częstokroć jednak srodze miotłami ubiją. Obacz Ekkarda *de Reb Franc. Orient.* w tomie I.

[1]) *„Nec corrumpere aut corrumpi saeculum vocatur.“* W początkach występki noszą cechę wstydu i hańby, póki są rzadsze; gdy się pomnożą, przystępuje do nich zuchwalstwo i bezkarność; stają się potem obyczajami i w modę wchodzą.

[2]) Taki naród był Cymbrów. Obacz Waleryusza Maxyma VI. r. 1.

[3]) *Valerius Maximus* w k. VI powiada o niewiastach cymbryjskich, iż gdy one prosiły u Maryusza wodza rzymskiego, zwycięzcy, aby je posłał w podarunku Westalkom (mniszki rzymskie) obiecując, że w równej z niemi czystości żyć będą, a tej prośby nie otrzymały, same siebie powrozem podusiły, nie chcąc mieć spółki z innymi mężami. Od Germanów wzięły przykład wiary małżeńskiej niewiasty Herulów narodu sarmackiego, za świadectwem Prokopa w k. II *de Bell. Gothico.* Słowian (Wenedów) żony jak były do mężów swoich przywiązane, powiada ś. Bonifacy wyżej cytowany. *„Vinedi, quod faedissimum et deterrimum hominum genus, tam magno zelo matrimonium mutuo amore observant, ut mulier viro proprio mortuo vivere recusset, et laudabilis mulier inter illos esse judicatur, quae propria manu sibi mortem attulit, ut in una strue pariter ardeat cum viro suo.“* Dytmar biskup mersburski pisarz spółczesny powiada, iż takowy zwyczaj zguby kobiet po śmierci mężów był w Polsce za Mieczysława I przed jego nawróceniem. O podobnych także zwyczajach u dawnych Prusaków, świadczy Hartknoch w Dysertacyach o starożytnościach pruskich.

44

jakiego przysobka umorzyć, wielki to kryminał [1]). Więcej tam wiążą dobre obyczaje, niż gdzieindziej dobre prawa [2]).

XX. Wychowane po domach dzieci nago i w plugastwie, rosną w ogromne ciała i siły, aż do podziwu [3]). Karmią je mątki własnemi piersiami, nie zażywając mamek ani piastunek do posługi. Nie rozeznać z miękkości wychowu pańskiego syna od niewolniczego. Wszyscy między bydłem żyją, wszyscy się czołgają po ziemi, póki wiek [4]) szlachetnej krwi nie odłączy, a cnota jej nie odkryje. Późne małżeństwa utrzymują czer-

---

[1]) *„Quenquam ex agnatis necare.“ Agnati* u Rzymian nazywali się, *„qui sunt per patrem cognati ex eadem familia“* jako pisze prawo *Digestorum* w k. XXVI, *titulo* 4. Byli zaś tymi agnatami ci, których Rzymianie przybierali sobie, czyli przysposabiali za synów, *adoptivi filii*; dla czego i my nazwaliśmy ich przysobkami. Mąż nie mający dzieci, mógł sobie wziąść za syna kogo z innej familii, a ten przysobek miał prawo synowstwa, według prawa *Digestorum* w k. I. *Titulo* 7: *„Adoptio non jus sanguinis, sed jus adgnationis affert.“* Germanowie niepłodni mogli czynić takie adopcye, lecz razem był u nich wielki kryminał umarzać takich przysobków.

[2]) O przodkach naszych Scytach powiada Justynus w k. II, 2: *„justitia gentis ingeniis culta, non legibus.“* Starzy Polacy, zdaniem Kromera, nie mieli praw pisanych, ale za powodem prawideł przyrodzonych i od twórcy na sercach ludzkich wyrytych *„ex aequo et justo judicabant.“*

[3]) Podobnie o Germanach powiada Mela w k. III r. 3. *„Maximo frigore nudi agunt, antequam puberes, et longisima apud eos pueritia.“* Takowemi niewczasami jędrnieją ciała i twardnieją na dalsze prace. Pieskliwe wychowanie osłabia siły, jako widzieć różnicę i teraz między młodzieżą która się w miękkości chowa, i która z pieluch do niewygód przywyka.

[4]) Zdaje się, iż naprzód wiek dziecinny był zamierzony do lat dwunastu zupełnych, wtenczas albowiem chłopięta poczynały podlegać prawom, jako się widzieć daje *in lege Salica. „Si quis puer infra duodecim annorum aliquam culpam commiserit, fredus ei non requiratur.“* U Germanów *fredum, fredus*, w języku pokój, była to wina, *mulcta*, która się od winowajców płaciła sędziom, jakoby ludziom utrzymującym pokój, bezpieczeństwo i spokojność obywatelską. Z tego słowa urosły nasze wyrazy, *„nie masz fryszłu, nie masz freju.“* W postępie czasu wiek młodociany postąpił do lat piętnastu, jako widzieć *in legibus Ripuariorum, Burgundorum.* Dalsze wieki przeciągnęły go dalej do lat ośmnastu, kiedy poczęto używać podczas wojen cięższego oręża i kirysów.

stwość lat kwitnących [1]). Nie spieszą się rodzice w wydawaniu córek. Dościga siebie płeć oboja stanem, wiekiem i wzrostem [2]); biorą się równi z równemi, ztąd potomstwo krzepkie i nieodrodne. Dla siestrzeńców taż sama u wujów miłość, co u własnych rodziców. Niektórzy mniemają, że ten krwi związek jest świętszy i ściślejszy; dla czego przy umowach pokoju, wymagają w zakładzie siestrzeńców, jakoby przez nich i słowo się mocniej dotrzymywało, i większa liczba krewnych w odpowiedzi zostawała. Atoli dziedzictwo ojcowskie, choć bez żadnego testamentu, na samych synów spada [3]). Gdzie potomstwa niemasz, najbliższymi są dziedzicami bracia, stryjowie i wujowie. Im więcej kto ma krewnych i powinowatych, tem milszą przepędza starość; niepłodność nie odnosi tam żadnego zysku [4]).

XXI. Z dziedzictwem rodziców lub krewnych przechodzą do następców ich przyjaźni i krzywdy [5]). Ura-

---

[1]) Cezar w k. VI roz. 21. „*Intra annum vero vigesimum faeminae notitiam habuisse in turpissimis habent rebus.*

[2]) Germanowie postrzegali mocno równości małżeństw co do kondycyi: obszernie o tem piszą prawa *Allemanorum titulo* 57. — *Salica 29.* — *Longobardorum* w k. II. — *Frisiorum titulo 6.*

[3]) Dziedzictwo gruntowe, to jest *terra Salica*, o której wyżej.

[4]) Tacyt przez ten wyraz o Germanach nagania sposób życia Rzymian, u których weszło we zwyczaj bezżeństwo. Nie mający żon i dzieci, myśleli tylko o nabytkach i lichwiarstwie, nie frasując się o wychów potomstwa i utrzymywanie gospodarstwa domowego. Ponieważ zaś rzeczpospolita każda ludnością stoi, Germanowie starali się jak najusilniej żenić swoich synów, i najsurowszemi prawami obostrzać, aby się oboja płeć rozpustą nie psuła, i aby się płód nie tracił. Z tego powodu wynikło w późniejszym czasie w Niemczech *jus Hagenstolziatus*, które trwa dotąd w wyższym Palatynacie i cyrkule wyższego Renu. Hage-stoltzen znaczy starego kawalera, czyli człowieka bezpotomnego w pięćdziesiątym roku życia. Po ich śmierci dobra ojczyste należą do krewnych, lecz własne ich nabytki idą do skarbu publicznego, na ukaranie życia bezżennego. Obacz Hubnera w geografii tom VI.

[5]) Był ten zwyczaj w starożytnych narodach, aby się występki bezkarnością nie krzewiły. Czytamy w piśmie św. u Mojżesza Numero 19: O mścicielach krwi. W prawach rzymskich *Codic. Lib. VI. titulo 55: de his, quibus ut indignis haere-*

46

żcni ' dają się przebłagać ¹). Mężobójcy opłacają się
pewną liczbą sztuk z trzody lub stada, cały dom po-
krzywdzony odbiera satysfakcyą, tem pożyteczniej dla
powszechności, im szkodliwsze są nieprzyjaźni w wolnym narodzie. Żaden kraj z taką ludzkością gości nie
przyjmuje. Zamykać drzwi przed kim, za wielką mają
niegodziwość ²). Gospodarz częstuje według swojej prze-
możności, a gdy mu już w śpiżarni nie dostawa, staje
się przewodnikiem do sąsiedzkiego domu, gdzie lubo
nie proszeni, równą znajdują ochotę. Niemasz różnicy
między znajomym i nieznajomym. Jeśli o co prosi wy-
chodzący, chętnie mu dadzą: proszącemu też wzajemnie
gospodarzowi gość nie odmawia. Radzi są bardzo
upominkom, atoli biorąc i dając, nie kładną obo-
wiązków.

XXII. Gościny sposób jest ludzki. Wstają pospolicie późno, i zaraz się ciepłą wodą omywszy, ponieważ
tam zima trwa bardzo długo, po wannie jedzą. Każdy
siada u osobnego stołu; idą potem do zabaw zwyczaj-
nych, wziąwszy oręż, z którym częstokroć do obiadu
przystępują. Przetrwać cały dzień i noc na pijatyce,
niemasz wstydu: wszakże takowy przelej daje do
zwad okazye, i rzadko się na przymówkach bez krwi
rozlania i zaboju zakończy. Bywa i to, że się podczas
bankietów czynią przeprosiny, szykują małżeństwa, sta-

---

ditates auferuntur, stanowią się: „*Haeredes, quos necem testa-
toris inultam omisisse constiterit, fructus integros cogantur
reddere.*"

¹) W narodzie wolnym, walecznym, a do zabojów wzajem-
nych pochopnym, mądrze było postanowiono, aby gniewy nie
wiekowały, a mężobójstwa nie śmiercią, lecz nagrodą jaką karały
się, i żeby cały dom zabitego otrzymywał satysfakcyą. Tym sposobem zabiegało się zemście dalszej. Wszakże, ażeby ubóstwo
nie dawało przyczyny do rozbojów, rostropne także poczyniono
ustawy, aby zabójca oddawał wszystko, co tylko miał, z obowiązkiem nagrody od wszystkich jego krewnych. Obacz o tem
in legibus Salicis, U Amerykanów w Kanadzie, cała okolica
gdzie mie zka zabójca, płaciła za niego winę.

²) Podobną cnotę mieli wszyscy Słowianie, jako świadczy
Helmold w k. II, roz. 12.

nowią magistraty, układa wojna i pokój, jakby w żadnym innym czasie ani się umysł do rzeczy potocznych lepiej nie otwierał, ani do wielkich zagrzewał. Swobodne żartów stołowych bezpieczeństwo wynurza najskrytsze tych ludzi prostych i nieobłudnych tajemnice. Nazajutrz roztrząsają po trzeźwu [1]), co wczoraj w pełności wylanego z trunkiem serca ułożyli. Każda rzecz ma swoje czasów udziały. Radzą się, gdy zmyślać nie umieją; stanowią, gdy błądzić nie mogą.

XXIII. Napój robią z jęczmienia, albo z pszenicy nakształt wina przeburzonej [2]); bliżsi jednak granic naszych wino kupują [3]). Pokarm mają prosty: całe ich jadło jabłka leśne, surowa zwierzyna [4]), albo masło [5]). Bez przypraw i wytworu głód opędzają. Atoli w napojach niemasz takiej miary. Dodawszy im trunku, ile zapragną, aby się popili, niemniej ich łacno kuflem jak orężem zwyciężysz.

---

[1]) Takowy zwyczaj mieli dawni Persowie za świadectwem Herodota w k. I.

[2]) My taki trunek nazywamy piwem, który wzięliśmy od Niemców. Powiada o nim Pliniusz w k. XIV, roz. 22: *„Est et occidentis populis sua ebrietas fruge madida. — Egiptus quoque e fruge sibi potus similcs excogitavit, nullaque in parte mundi cessat ebrietas. — Heu mira vitiorum solertia! inventum est, quemadmodum aqua quoque inebriaret."*

[3]) *Proximi ripae*, to jest Dunaju i Renu, z rzymskiem państwem pogranicznych.

[4]) Teraz tylko dzikim Tatarom zwyczajna takowa strawa. Toż samo o Germanach świadczy Mela w k. III. *„Victu ita asperi incultique, ut cruda etiam carne vescantur."* Florus w k. III powiada o Cymbrach narodzie Germanów, że dopiero zasmakowawszy we Włoszech w winie i mięsie warzonem, poczęli u siebie podobnych zażywać przysmaków.

[5]) Wyraz Tacyta *lac concretum* nie znaczy ani kwaśnego mleka, ani sera, lubo Julius Cezar w k. VI. *Bell. Gall.* i o serze wzmiankuje. Ten pokarm jednak surowy musiał być rzadko gdzie znajomy. Pliniusz, który znał dobrze obyczaje Germanów, powiada w k. XI roz. 41. *„Mirum barbaras gentes, quae lacte vivunt, ignorare aut spernere tot saeculis casei dotem, densantes id alioquin in lacorem jucundum et pingve butirum. Spuma id est lactis* (śmietana) *concretiorque, quam quod serum* (serwatka) *vocatur.*

48

XXIV. Rodzaj igrzysk mają tylko jeden, którym' się
we wszystkich zgromadzeniach bawią. Nadzy młodzieńcy
czynią rozliczne skoki pomiędzy szermem szablic i ci-
skaniem oszczepów. Zwyczaj takowych ćwiczeń przy-
niósł im pewne prawidła, a sztuka przydała piękność [1]).
Nie bierze się za to jednak żadna nagroda: cały zysk
tej niebezpiecznej swywoli, ukontentowanie patrzących.
Grając w kości, po trzeźwu nawet, tak są, rzecz dziwna, w zysku lub stracie zapamiętali, że przegrawszy
wszystko, stawią nakoniec na los szczęścia ostateczny
ciała i wolność własną. Zwyciężony oddaje się samo-
chcąc w niewolę; a lubo młodszy i duższy, dopuszcza
siebie wiązać i zaprzedawać. Tak to twardy u nich
w małych rzeczach upór, który oni słownością zowią [2]).
Panowie wygranych, zaraz ich obcym przedają, wsty-
dząc się sami nikczemnego zwycięstwa.

XXV. Nie rozpisują Germanowie, tak jako nasi, słu-
żalców według gatunku posług [3]); każdy kmieć ma
własny dom z gospodarstwem, obowiązany tylko przy-
stawić panu pewną miarę zboża, albo co z bydła i

---

[1]) Germanowie wziąć mogli ten sposób igrzysk zbrojnych od
szermierzów rzymskich, *gladiatores*, z tą różnicą, iż ci szermie-
rze kupcząc krwią i życiem, wiele zarabiali; u Germanów cała
nagroda była punkt honoru. Tym sposobem wezwyczajała się
młodzież do zręczności, odwagi i przytomności podczas wojen.
Zwyczaj starych Germanów trwał dosyć długo w Europie w podobnych igrzyskach nazwanych turniejami, co my w naszym narodzie i języku zowiemy: gonić na ostre, do pierścienia, i tam
dalej. Szlachetne dzieci po szkołach, bijąc się dawniej w kije,
cień jakowyś tej starożytności zatrzymały.
[2]) *„Habet et alia suas leges, quas fori jura non solvant.
Notatur, si credi potest, infamia, qui putaverit retinendum“*—
mówi ś. Ambroży *in Tobiam* w roz. XI. My to nazywamy dług
honoru.
[3]) Rzymianie przez wielkość zagęszczonych zbytków, chowali niezmierną liczbę niewolników. Pedanius senator, jako widzieć w Rocz. dziejach k. XIV, roz. 43, żywił ich w jednym
domu czterysta. Między tymi służalcami podzielone były usługi
domowe, albo raczej nazwiska tych usług. Jedna była czeladź
familia urbana, druga *familia rustica*. Pierwsza dzieląc się na
różne poczty, służyła w mieście, druga na wsi. U naszych ma-
gnatów widzieć ślady po domach tej zbytkownej starożytności.

·odzieży, na czem się służba jego kończy ¹). Rzadko się trafia, aby ich panowie bili, więzili, albo im ciężkie jakie roboty wyznaczali. Jeśli się zdarzy którego zabić, jak nieprzyjaciela, pochodzi to z gniewu raczej i pierwszych złości zapędów, niżeli z prawa i dla przykładu ²). Wszakże takowe zabójstwa bez kary uchodzą. Wyzwoleńcy nie wiele więcej ważą od niewolników ³). Żaden z nich w pańskim domu, dopieroż w rzeczypospolitej nie przewodzi; wyjąwszy narody pod królami, gdzie nietylko nad wolnym ludem, ale i nad szlachtą górę biorą ⁴). Nierówność wyzwoleńcza

---

Hajducy, pajucy, lokaje, strzelcy i inni snują się po pałacach. Ekonomi, pisarze, podstarościowie po wsiach. Próżna częstokroć, bezczynna i łotrująca hałastra, która przez czas niejaki galonami świecąc, na starość chleba żebrze.

¹) Germanowie mieli sługi, *servos;* lecz oni sprawując grunta pańskie, *tanquam coloni*, mówi Tacyt, byli raczej kmiecie, *rustici*, niżeli niewolnicy, *mancipia*. Cała ich niewola na tem się kończyła, że musieli na wsi pełnić powinności i posłuszeństwo. Francya miała takowych *servos* do czternastego wieku. W postępie czasów Germanowie, naśladując Rzymian, poczęli mieć niewolników w podlejszym stanie i wzgardzeńszym

²) Tacyt daje różnicę między zabitym z gniewu nieprzyjacielem, a sługą. Zabójstwo nieprzyjaciela, choć nie dobrowolne, podlegało karze bydłem lub pieniędzmi. Sługi własnego zabójca kary nie odnosił, lecz za cudzego panu jego płacić musiał złotych naszych około 500, to jest *capitule*, główszczyznę, i koszty sądowe, *delatori*.

³) Wyzwoleńcy, *libertini*, tak się nazywali ci, którzy od panów swoich wolność otrzymywali. Gdy w Germanii z liczbą ludzi pomnożyła się chciwość na pieniądze, niewolnicy okupywali swoją wolność. Znak czyli ceremoniał wyzwolenia był ten, gdy wyzwoleniec w obecności króla, albo starszyzny narodowej, wypuszczał z ręku pieniądz, *denarius*. Dla tej przyczyny nazywano ich *denariati*. Wolno im było ziemskie dobra trzymać, i dziedzictwo na dzieci spuszczać. Atoli bezpotomnych puścizna szła na skarb publiczny, *in fiscum*. Obacz *leges Ripuariorum*.

⁴) Jak u Rzymian tak u Germanów, gdzie były monarchie, umieli ci wyzwoleńcy korzystać ze słabości panujących, sposobiąc sobie pieniądze, majątki, kredyt, przez intrygi, promocye, plotki. Obacz o nich dzieje i historyą Tacyta pod Cesarzami Klaudyuszem, Neronem, Galbą. Z wyrazów Tacyta widzieć cztery klasy, czyli udziały obywatelów Germanii, to jest szlachtę, *nobiles*, lud wolny, *ingenui*, wyzwoleńców, *libertini*, i kmieciów, sługzy, *servi*. Szlachta *nobiles*, przodkowała innym ro-

u innych, jest dowodem wolności obywatelskiej [1]).

XXVI. Zyski z lichwiarstwa nieznajome: zatłumia one dzielniej ta nieznajomość, niżeli zakazy prawne. Grunta podług liczby rolników rozbierają włościanie i dzielą między sobą, uważając na stan i kondycyą każdego. Rozległość kraju czyni ten podział łacnym. Rolę odmieniają co rok, zostawując jej część na ugór. Nie zadają też sobie pracy, dla przestworu i płodności ziemnej, aby zakładali sady, wilżyli ogrody, wytykali pastwiska, przestając na siejbie zboża Ztąd idzie, że rok u nich nie tak się dzieli, jak u nas: znają tylko zimę, wiosnę i lato, wyrażając one swojemi nazwiskami; jesienne imie, równie jako jej dary, nie są tam znane [2]).

XXVII. W pogrzebach nie widać żadnej okazałości: na to jedynie wzgląd bywa, aby ciała znakomitych ludzi pewnemi drwami palono [3]). Nie rzucają na stosy ani odzieży, ani zapachów, tylko oręż zmarłego [4]). Czasem konia z nim

---

dowitością, godnością, urzędami. *Ingenui*, ziemianie, lud wolny z dawnych familij, żadnym podatkom, wtenczas nawet gdy się one wkładać poczęły, nie podlegały. Wyzwoleńcy, *libertini*, udarowani wolnością wstępowali na stopień *ingenuorum*, ziemianów, zostawała jednak przy nich cecha dawnego stanu. Słudzy, *servi*, chociaż kmiecie bawiący się rolą, *coloni*, że jednak byli w cudzej mocy, prawdziwie ich sługami nazywano. Te stanów różnice widzieć często w starożytnych prawach germańskich. Toż samo widzieć w gramatyku Saxonie, w prawach króla Danii Frotona.

[1]) W innych narodach Germanów, które się rządziły po republikańsku, sama nierówność wyzwoleńców z ziemianami, *indigenae*, była znakiem, iż te narody wolne były, kiedy u siebie w wielkim kredycie wyzwoleńców nie cierpiały.

[2]) Najpierwsi ludzie dwie tylko znali roku odmiany, zimę i lato; dla czego Mojżesz mówi w księdze *Genesis* w rozd. VIII: „*aetas et hiems, nox et dies.*“ Potem się rok dzielić począł na trzy części, nakoniec na cztery. Tej nieznajomości jesiennej u Germanow zostały ślady w póżniejszych nawet czasach. Niemcy teraźniejsi jesień dotąd nazywają powszechnem imieniem *Herbst*, to jest żniwo.

[3])Nie wiadomo jakiego gatunku te drwa były.

[4]) Był ten zwyczaj u Rzymian, który oni zasiągnęli podbiwszy państwo królów wschodnich. Plutarch powiada, że na pogrzebie Sylli, było 210 naczyń z perfumami. Pliniusz powiada, że Neron na pogrzebie Poppei żony swojej: „*Arabia non ferre tantum odorum annuo faetu, quantum Nero concremavit.*“

palą [1]). Nagrobki dźwigają z darniny, gardząc wspaniałemi wybornych kunsztów dziełami, które ciężarem dla umarłych być sądzą. Nie długo płaczą, lecz żal i smutek nie rychło tracą: niewiastom łzy i lamenta, mężom pamięć przystói. Mówiłem dotąd, com o wszystkich Germanów rodzie i obyczajach w powszechności mógł zebrać: teraz o prawach i zwyczajach każdego w szczególności kraju, i które się narody od nich oderwawszy, w Gallii mieszkanie założyły, mówić będę.

XXVIII. Świadczy największy z dziejopisów Julius Cezar, że Gallowie potężniejszymi przed laty byli od Germanów; zkąd wnosić można, że do nich osady swoje posyłali. Nie kładła zaiste między nimi rzeka [2]) tak dzielnej tamy, aby który naród, wzbiwszy się w potęgę, nie wkroczył do innych krajów, zmieniając siedliska owe spólne, a żadnem jeszcze jedynowładztwem w okresach swoich nie zamknięte. A tak Helwetowie osiedli między hercyńskim lasem, a Renem i Menem rzekami [3]). Bojowie zaś, naród także Gallii, dalsze krainy opanowali; co poznać z miejsca nazwanego *Bojemum*, które trwa do tych czas, i pamięć dawnych mieszkańców, lubo tam inne potem narody osiadły, zatrzymuje [4]). Co

---

[1]) Ten zwyczaj mieli Scytowie przodkowie nasi, jako pisze Herodot w k. IV. Oświata naszych katafalków, dawne stosy, kruszenie broni różnej na pogrzebach ludzi rycerskich, przypominają palenie, albo rzucanie do grobów oręża.

[2]) Rzeka Ren.

[3]) Las hercyński teraz nazywa się Harty-wald. Helwetowie, teraźniejsi Szwajcarzy, naród w pierwiastkach z Gallii wędrowny, obszerniejsze miał dawniej siedliska według powieści Tacyta.

[4]) Bojowie, naród Gallów, sąsiedzi Helwetów, jako świadczy Strabon i Juliusz Cezar. Za czasów Cezara zbici od niego w Gallii, usunęli się do narodu Edwów, gdzie teraz kraj nazwany od Francuzów *le Bourbonnois*. Pierwej zaś nierównie, to jest za czasów jeszcze królewskich w Rzymie, jako świadczy Livius w k. V roz. 33, weszli do Germanii, i przeszedłszy rzekę Men, osiedli w puszczach hercyńskich. Ślady ich dawnych siedlisk pozostały w nazwisku Bohemia, gdzie potem osiedli Czechowie, naród słowiański, a przed Czechami Markomani, którzy Bojów wygnali do Noryku, teraz nazwanego Bawarya, a dawniej Bojoarla. Miasto Passaw, między Dunajem a Inem rzekami, zwało

się tycze Arawisków [1]), nie możemy mieć pewności, jeżeli oddzieliwszy się od Ozów, narodu germańskiego, do Pannonii weszli, czyli Ozowie sami są ich osadą [2]); ponieważ oba te narody jeden język, jedne prawa i obyczaje mają, po obu też brzegach Dunaju równy dla nich udział szczęścia z wolności, a biedy z ubostwa. Trewerowie z Nerwami wywodzą ród swój uporczywie od Germanów, szukając chluby ze krwi walecznej, jakby się przez nią od gnuśnych Gallów różnili [3]). Wangionowie, Trybokowie, Nemetowie, narody nad Renem osiadłe, bez pochyby z Germanii pochodzą [4]). Ubiowie nawet [5]), lubo zasłużyli być osadą rzymską, i chętnie noszą imie Agrypinów, od założyciela swojego wzięte, nie wstydzą się nazywać Germanów potomkami. Ci przed laty przeszli rzekę, i w zaufaniu doświadczonej wierności, osadzeni są nad jej brzegami, dla naszej bardziej zasłony, niżeli dla swojej straży.

---

się dawniej Bojodurum od imienia Bojów, których Markomanowie do Noryku za Dunaj przepędzili.

([1] Wspomina o nich Ptolomeusz geograf II, 16 i Pliniusz III, 25. Mieszkali w części Węgier, która się nazywa Pilis.

[2]) Wątpliwość tę rozwięzuje sam Tacyt niżej w r. 43, powiadając o Ozach, iż u nich język pannoński albo raczej jego dyalekt, tudzież cierpliwość w znoszeniu podatków, jawnie oznacza, że oni nie Germanami. Mieszkali ci Ozowie w dole Markomanów i Kwadów, rozciągając się od lewej strony Dunaju aż ku górnej Odrze. Miasteczko Ossen w księstwie Oleśnickiem nie'akieś czyni podobieństwo, że tam Ozowie mieszkali. Może też i Oświecim należał do tych Ozów, czego dowodem same nazwisko Oświecima, jakoby *Osorum vicus* znaczącego. Będzie o tem niżej.

[3]) Trewerowie, gdzie później elektorat duchowny tego nazwiska. Nerwiowie, gdzie prowincye le Cambresis i le Hainaut,

[4]) Wangionowie, gdzie później dyecezya Worms; Trybukowie, gdzie dyecezya strasburska; Nemetowie gdzie spirska.

[5]) Ubiowie, gdzie później elektorat duchowny koloński, dla czego samo miasto Kolno nazywa się *Colonia Ubiorum*. Ten naród powaśniwszy się z Kattami, jako Rzymianom przychylny, przeszedł za Ren do Gallów. Marek Agryppa wziął go w protekcyą. Agrypina matka cesarza Nerona tam się urodziwszy, zaprowadziła do Ubiów osadę rzymską z żołnierzy zasłużonych, *ex veteranis*. Kolno nosi także imie *Colonia Agrippina*, od tej pani, patrz w Rocz. dziejach Tacyta, w k. XII, 27.

XXIX. Że wszystkich tych narodów najwaleczniejsi są Batawowie [1]); mało ich na lądzie mieszka, większa część osiadła na wyspie, którą Ren oblewa. Należeli dawniej do Kattów, zkąd dla domowych rozruchów przenieśli się do naszych krajów, woląc być częścią rzymskiego państwa [2]). Zostaje przy nich honor i pamięć dawnego z nami braterstwa. Nie hańbią ich wkładane podatki, nie ciemiężą poborcy [3]). Wolni od wszelkich brzemion danniczych, a na wojenne tylko potrzeby zachowani, służą nam jako miecz i puklerz do bojów. Przydać należy do tegoż posłuszeństwa naród Mattiaków [4]). Ogrom potęgi Rzymu zaniósł daleko za Ren i za starożytne kresy powagę państwa jego. A tak Mattiakowie siedliskiem tylko i granicami na swoim brzegu z Germanią, sercem i przychylnością z nami spólność mają. Wreszcie podobni są do Batawów; chyba że im sama krajowa posada z suchością powietrza, bystrzejsze wlewa umysły [5]). Nie liczę tych między narodami Germanii, lubo za Renem i Dunajem osiedli, którzy Dekumańskie role sprawują [6]). Są to biegaso-

---

[1]) Batawowie nie tylko wyspę, którą Ren czyni, *Batavia*, ale cóżkolwiek lądu na brzegach tejże rzeki kilką miasteczkami zaludnili. Obacz historyą Tacyta k. IV, 12— V, 19.

[2]) Batawów Rzymianie nazywali: „*Fratres et amici populi Romani.*“

[3]) O poborcach, ludziach skarbowych, *publicani*, jest mowa w Rocz. dziejach k. IX, 25.

[4]) *Mattiaci*, Mattiakowie, posiadali te kraje, które teraz są część Weterawii, Hassyi, Izenburga i Fuldy. Tam było dawne *Mattium*, Marburg, o którym w Rocz. dziejach k. I rozdział 56 k. XI, 20.

[5]) Batawowie mieszkali w kraju wilgotniejszym. Mattyakowie w suższym.

[6]) *Decumates agri*, teraz ziemia szwabska. Gdy przy końcu panowania Augusta Cezara Markomanowie porzuciwszy dawne siedliska nad Renem, opanowali Bojohemią, osiedli na ich miejscu przybysze z Gallii, to jest Rauracy i Sekwanowie. Ten kraj nazywał się *Agri Decumates* z tej przyczyny, iż mieszkańcy tameczni dla ubezpieczenia siebie od najazdów germańskich, poddali się w protekcyą Rzymian, i za to im z gruntów swoich postąpili płacić dziesięcinę, *decima*. Hadryan cesarz osypał ich wa-

54

wie i awanturnicy Gallów, których płochość, a z chudoby zuchwalstwo, na te opuszczone grunta zaniosła.
Wkrótce z pomkniętą tam granicą i dźwignionemi zamkami, stał się ten kraj częścią prowincyi, i niejakąś
państwa zatoką.

XXX. Za nimi mieszkają Kattowie ¹), począwszy
od hercyńskiej puszczy ²). Ziemia ich nie jest tak równa i bagnista jak drugie, po których się Germania
rozlega. Dźwigają się tam góry, i powoli rzadzieją, a sama
puszcza prowadzi swoich Kattów, i z nimi znika. Krzepcy
to ludzie, zwięźli, srodzy na wejrzenie, a umysłu nad
innych jędrniejszego. Rostropni też są wielce i dowcipni nad obyczaj Germanów. Umieją wybierać wodzów,
rozkazów ich słuchać, korzystać z okazyi, trzymać się
szyku, hamować w zapędzie, upatrować pory do bitew,
szańcować na noc, nie puszczać się na los wątpliwy,
męstwo tylko w pewnym zysku policzać: a co nader
rzadka, i w rządnych tylko wojskach zwyczajna, więcej na dzielnym wodzu, niż na wojsku polegać. Cała
potęga na piechocie, którą prócz oręża, różnem narzędziem i żywnością ładują ³). Inni umieją bić się, Kattowie wojować ⁴); rzadkie tam wypady i dorywcze boje.
Jezdna to sprawa, jak rychło zwyciężać, tak rychło
ustąpić. Żartkość z bojaźnią obok chodzi; powolność
do statku bardziej się zbliża.

łem, który ciągnął się od Nejsztadu nad Dunajem, aż do rzeki
Nekru około Wimpfen, *Vimpina*.

¹) Kattów, *Catti*, siedliska rozlegały się obszernie między
Renem, Menem i Salą rzekami, a lasem hercyńskim, aż za Wezer rzekę, gdzie później Hassya, Turyngia, część dyecezyi Padeborskiej, opactwa Fuldeńskiego i Frankonii. Uczeni pisarze
niemieccy twierdzą, iż to, co Julius Cezar, Florus i Ptolomeusz
powiadają o Swewach, ma się rozumieć o Kattach. Leibnitz wywodzi nazwisko Kattów od kotów, bystrego zwierza, których
w języku dawnym niemieckim *Catte*, a czasem *Hesse* nazywano.

²) O puszczy hercyńskiej, *Harz*, mówiono wyżej. Obacz o niej
Tacyta Rocz. dzieje k. II, 45. Pliniusza k. XVI, 2.

³) *Ferramenta*, to jest naczynia wojenne, rydle, siekiery,
sierpy, i tym podobne,

⁴) Do pomyślnej bitwy dosyć jest szczęścia i odwagi, do
prowadzenia wojny potrzeba rostropności, czasu i mądrej rzeczy
kalkulacyi.

XXXI. Zwyczaj innych narodów Germanii, od niektórych tylko śmiałków praktykowany, Kattowie u siebie przyjęli za powszechny. Skoro do lat młodzieńczych przyjdą, zapuszczają brodę i głowę [1]), ani wprzód ślubowną rycerskiej cnocie zdejmą z twarzy wotywę, aż nieprzyjaciela zabiją. Nad krwią i trupami czynią postrzyżyny, chlubiąc się, że dopiero zysk urodzenia swojego odnoszą, a godnymi rodziców i ojczyzny synami zostają. Na nikczemnikach i tchórzach widzieć zawsze to plugastwo. Najodważniejsi noszą jeszcze obręcz żelazną na nodze, na znak niby obelżywej niewoli, póki jej zamordowaniem nieprzyjaciela nie złożą. Wielu z tem szlachetnem znamieniem siwizna obieży; przykład dla swoich, nieprzyjaciołom groza. Od nich się wszystkie bitwy zaczynają; z nich się składa naczelny zastęp, srogi postacią, której w czasie nawet pokoju nie składają. Lud to błędny, bez domu, bez roli i wszelkiego starania: gdzie przyjdzie, tam się pasie, nie dbając o swoje, cudzego nie szczędząc, póki uwędzona starość tak twardej cnoty nie zamorzy [2]).

XXXII. Przy Kattach mieszkają Uzypetowie z Tenkterami podłuż Renu, gdzie jego koryto, już bystre i głębokie, straży granicznej nie potrzebuje [3]). Tenktero-

---

[1]) Paweł Warnefridus powiada w hist. Longobardów III, 7: *„Sex millia Saxonum, qui bello superfuerunt, devoverunt se neque barbam, neque capillos incisuros, nisi se de hostibus Svevis ulciscerentur.“* Tacyt toż samo mówi o Cywilu wodzą Germanów w hist k. XI, 61. Strada jezuita, pisarz *Belli Belgicu* przeszłego wieku: mówi w k. VII o Wilhelmie hrabi de Marca: *„Se obstrinxit voto non positurum se ante capillum, quam: Egmontii atque Hornani mortem ultus esset.“* Widzieliśmy za czasów naszych kilku takich brodaczów Polaków, którzy ślubowali dotąd się nie golić, dopóki na tronie nie ujrzą króla Stanisława Leszczyńskiego: ale z brodami pomarli.

[2]) Ci to sami Kattowie, którzy w półtora wieku potem, jak Tacyt o nich pisał, wespół z ostatkiem Cherusków, nad Wezerem rzeką mieszkających, tudzież z Attuarami, Sykambrami, Chaukami, Brukterami, Chamawami wszedłszy w związek, wygnali Rzymiany z Gallii, i sami ją opanowawszy, dali początek teraźniejszym Fraucuzom, i ich prawom i zwyczajom.

[3]) Tam rzeka trudniejsza do przeprawy bez brodów i mielizn, przeto garnizonów nie potrzebowała, będąc z siebie dosyć

wie, prócz zwyczajnego Germanom na wojnach męstwa, celują innych wyborem jazdy, tak jako Kattowie piechotą. Przodkowie ustanowili ten porządek, potomstwo go utrzymuje. Dziatwa bawi się końmi dla igraszki, młodzież dla emulacyi, starzy dla nałogu. W sukcesyach, z domem i czeladzią podaje się dziedzicom i stajnia, której nie bierze starszy, jak inne majątki, ale żwawszy z synów i waleczniejszy.

XXXIII. Podle Tenkterów siedzieli dawniej Brukterowie ¹); teraz słychać, że ich Chamawowie z Angrywarami, za zgodą innych narodów, wygnali i do szczętu wygubili ²), bądź dla nieznośnej dumy, bądź dla chęci łupów, czyli też dla łaskawej ku nam bogów chęci, nie broniących nawet tego widowiska, w którem więcej niż sześćdziesiąt tysięcy ludzi, nie siłą i żelazem rzymskiem, lecz co wspanialsza, domowym orężem oczom naszym legło na rozrywkę. Bogdajby wiekowała

ubezpieczoną od wypadów germańskich do prowincyi rzymskiej. Uzypetowie z Tenkterami siedzieli dawniej niżej Moguncyi nad Renem. Wygnani od Kattów opanowali siedliska Menapów po obu stronach tej rzeki, jako świadczy *Julius Caesar Bell. Gall.* IV, 1. Gdy August cesarz, za wodzy Tyberyusza, przeniósł Sykambrów za Ren, osiedli na ich miejscu gdzie teraz hrabstwa Berg, Marck, Lipp, Waldeck, biskupstwo Paderborskie.

¹) Brukterowie tak nazwani według Altinga *in notitia Germaniae* od błot i bagnisk, *brocken, bruchen*, siedzieli między rzekami Renem, Lippą i Ems, a Fryzyą, gdzie teraz Westfalia i Ower-Issel. Będąc w towarzystwie wojen sławnego Cywila, o którym mowa w Hist. i Rocznych dziejach Tacyta, nabrali ztąd nuchwalstwa i dumy. Dla czego zmówiły się na nich sąsiedne zarody i zniszczyły.

²) Te dwa narody opanowały siedliska Brukterów po ich zagładzie. Chammawowie, około rzeki Ems, teraz Lingen i Osnabruck; Angrywarowie około Wezera, gdzie teraz Minden i Schawenburg. Nazwano ich potem Angrarami, *Angrii*, i zostawszy cząstką Saxonów, jednemi z nimi prawami rządzili się. Obacz prawa saxońskie u Lindenbroga. Nie tak jednak zniszczono Brukterów, aby imie ich nawet nie zostało. Po swojej rozsypce mieszkali między elektoratem póżniejszym kolońskim i Hassyą. Brukterowie mieli swoich królików i rząd mouarchiczny. Obacz Pliniusza młodszego w liście 7, k. II.

w narodach, jeśli nie miłość ku nam, przynajmniej nienawiść ku sobie samym, kiedy w tym państwa rzymskiego pochyłku [1]), większego nam daru losy przynieść nie mogą, nad niezgodę nieprzyjaciół.

XXXIV. Angrywarów i Chamąwów z tyłu Dulgibinowie, Chazuarowie [2]) i inne narody mniej znaczne [3]), z przodu zaś Fryzowie otaczają. Fryzya dzieli się na większą i mniejszą, według liczby i sił mieszkańców [4]). Obie te krainy ciągną się nad Renem aż do morza, zawierając w sobie niezmierne jeziora [5]), znajome rzymskim okrętom [6]), zkąd się one na sam ocean zapuszczały. Wieść niesie, że się tam dotąd znajdować mają słupy Herkulesa [7]), bądź on w rzeczy samej tam wę-

---

[1]) „*Urgentibus fatis imperii.*"

[2]) Dulgibini z Chazuarami mieszkali niedaleko źrzódeł rzeki Lippe; potem na miejsce Chamawów i Angrywarów, gdy oni wygnawszy Brukterów, ziemie ich posiedli, przeszli. Chazuarowie ci są podobno, których *Vellejus Paterculus* w k. II nazywa *Attuarii*, i którzy potem z innemi narodami uformowali Franków, Gallii rzymskiej najezników. Strabo w księdze VII nazywa ich *Chattuarii.*

[3]) To jest Anzybarowie i Tubanci, o których Tacyt w Rocz. dziejach k. XIII, 53. Alting *in notitia Germaniae* wywodzi imie Anzybarów od rzeki Ems, *Amisia*, około której mieszkali; Tubantów zaś od słowa niemieckiego *Tho Banten*, że często miejsca odmieniali. Siedzieli oni gdzie teraz Drente w Ower-Issel. Uczony Fürstenberg *in Monumentis Paderbornensibus* kładnie między temi drobniejszemi narodami, o których namienia Tacyt, Ambronów, około rzeki Emmeren mieszkających.

[4]) Mniejsi mieszkali gdzie teraz Zuydersee. Więksi bardziej ku wschodowi.

[5]) Za Rzymian te jeziora już były straszne i wielkie. Większemi one jeszcze uczyniły wylewy morskie, a mianowicie w latach 1530 i 1569, które znaczną część Flandryi za wezbraniem wód pogrążyły.

[6]) Obacz Tacyta Roczne dzieje k. I, 70, 118.

[7]) Gdzie się tylko ląd kończył, ani dalej stopa ludzka dotknąć mogła, nadmorscy mieszkańcy według swojego upodobania stawili bajeczne słupy Herkulesowi. Próżno je szukać po świecie. Hiszpani wziąwszy od Greków i Rzymian posłuch, budują one przy cieśninie gibraltarskiej. Scytowie, za świadectwem Herodota, mieli u siebie Herkulesa, który mógł i do Fryzów zawędrować. Rudbek *in Atlanticis* powiada, że takowe słupy były w Szwecyi i w Krymie. W Pomeranii dawnej naszej, a teraz

drówką dotarł, bądź wzięliśmy za zwyczaj, każdą miejsc
wspaniałość imieniem bohatera tego uwielbiać. Poważył się na tę żeglugę Druzus Germanik [1]); lecz nie dopuścił ocean i siebie i Herkulesa wybadywać. Ustała też wkrótce ciekawość. Zdało się świątobliwiej i skromniej wierzyć raczej sprawóm boskim, niżeli o nich wiedzieć.

XXXV. Mówiłem dotąd o zachodniej Germanii. Rozlega się ona dalej niezmiernem zakołem na północ. Widzieć tam naprzód naród Chauków [2]), który poczynając się od Fryzów i część brzegów zajmując, wszystkich wyżej wspomnionych narodów bokami sięga, i do Kattów się zatacza. Tak ogromny ziemi przeciąg zajmują Chaukowie i napełniają. Jest to lud najszlachetniejszy z Germanów, który nie znając chciwości i ambicyi, a bez zaczepki sąsiad, bez łotrostwa i rabunków w spokojnej ustroni siedząc, wielkość swoją sprawiedliwością rozkrzewia. Największym jest dowodem cnoty i potęgi jego, że szukając powagi u spółrodaków, bez krzywdy ją sobie u nich jedna. Atoli gdy potrzeba wyciąga, rychło się zdobędą na odpór, i wojsko wystawią [3]), mając podostatku ludzi i koni: ztąd idzie, że i w pokoju rycerskiej sławy nie tracą.

XXXVI. Na boku Kattów i Chauków siedzą Cheruskowie [4]); długim a gnuśnym pokojem zależawszy pole,

---

obcej, widzimy dwa miasta tego nazwiska, jedno w Kaszubach, drugie za Odrą.

[1]) Brat Tyberyusza cesarza, o którym mowa w Rocznych dziejach Tacyta k. IV, 72.

[2]) Chaukowie rozciągali się od Emś rzeki do Elby po nadbrzeżu morskiem, gdzie teraz Ostfrisland i Bremen, bokiem wszystkich wyżej wspomnionych narodów, między któremi i Cheruskami zataczali się aż do Kattów. Dzielili się oni na dwie części. Więksi Chaukowie, zdaniem Ptolomeusza siedzieli między Wezerem i Elbą. Mniejsi między tymże Wezerem i Ems czyli Amizyą. Lubo z Tacyta w Rocz. dziejach k. XI, 19, przeciwne zdaje się ich położenie. O ich nazwisku obacz Altinga *in Notit. German.*, o obyczajach zaś Pliniusza w k. XVI, r. 1.

[3]) Dla tej przyczyny Rzymianie dźwignęli przy nich zamki na powściąg wypadów. Obacz Klaudyana poetę w I. *De laudibus Stiliconis*, który ich zowie Kaikami.

[4]) Cheruskowie mieszkali niżej Chauków, między Wezerem i

znikczemnieli. Miłe to życie, ale niebezpieczne: bo w bliskości potężnych a dumnych sąsiadów podejrzany dla słabszych spoczynek, a kto duższy i bije, tego prędzej poczciwym nazwą. A tak Cheruskowie, ów to lud niegdyś dobry i sprawiedliwy, teraz w przysłowie głupców i nikczemników poszli: Kattów zwycięskich pomyślność mądrymi uczyniła. Upadek Cherusków pociągnął za sobą pogranicznych Fozów [1]), równych spólników w niedoli, w szczęściu mniejszych.

XXXVII. Na tejże Germanii stronie nad oceanem mieszkają Cymbrowie, mała teraz rzeczpospolita, lecz sławy wielkiej [2]). Widzieć tam dotąd po oboim brzegu [3]) dawnej wielkości pozostałe ślady w obszernych obozowiskach, z których obwodu łacno wnosić potęgę narodu tego i wierzyć powieściom o liczbie jego bojowników. Płynął rok sześćsetny czterdziesty od założenia Rzymu, gdy się dał słyszeć odgłos broni Cymbrów, pod konsulami Cecyliuszem Metellem i Papiryuszem Karbonem. Odtąd, jeśli do powtórnego konsulatu Trajana

---

Elbą, gdzie teraz Luneburg, Brunświk i stara Marchia Brandeburska. Obszerniejsze były ich dzierżawy za panowania Augusta i sława większa. O zwycięstwach ich nad Rzymianami, i o klęsce Wara pod ich wodzem Arminiuszem, mówi obszernie Tacyt w k. I i II, Rocz. dziejów.

[1]) Fozowie, naród sąsiedzki i sprzymierzony z Cheruskami, mieszkał zdaniem Leibnitza nad rzeką Fuza, która przy Celli wpada do Alleryi. Uczony Cluwerius Gdańszczanin powiada *in Antiqua Germania*, iż Fozowie byli tym samym narodem co Saxonowie. Lecz imie Saxonów jest późniejsze od Tacyta, i zaczęło być znajomem dopiero za panowania Antonina Piusa, pod którym wyszedłszy z półwyspy Cymbrów (teraz Dania), rozsławili się, a potem z Anglami Brytanią opanowali.

[2]) Cymbrów dawnych imie zostało w nazwisku *Chersonesi Cimbricae*, gdzie teraz Jutlandya, Szlezwik, Hołsztyn. O dziełach tego narodu obacz Malleta: *Introduction à l'histoire de Dannemark*. Cymbrowie straszni niegdyś Rzymianom za Maryusza, byli drobnym narodem za Tacyta, przez wojny, emigracye i inne klęski. Zaludnił się znowu potem ten starożytnych Cymbrów zakątek, i wysypał z siebie w drugim wieku po Chrystusie bitne narody Franków, Germanów, Saxonów, które całą prawie Europę zawojowały.

[3]) Przez brzeg tu się rozumieją obie strony tej półwyspy.

zliczymy czasy [1]), dwieście dziesięć lat ubiegło!: tak się
to długo z Germanami łomiemy! a w tym wieków przeciągu, tyle z obu stron szkód i klęsk. Nie tak zaiste
często Samnita i Penus [2]), Gallus i Hiszpan, owszem
ani Partowie sami nas do broni ruszyli: bo sroższa
wolność Germanów, niż królewska potęga Arsaka [3]).
Cóż nam albowiem więcej, prócz klęski Krassa [4]),
Wschód wyrzucić może, sam będąc utratą Pakora [5]),
a zwycięstwem Wentydyusza poniżony? Lecz Germanowie zniósłszy lub poimawszy piąciu za rzeczypospolitej wodzów, Karbona [6]), Kassyusza, Aureliusza Skaura,
Serwiliusza Cepiona, Kneja Manliusza, tyleż z nimi
wojsk konsularnych zepsuli [7]): samemu nawet Augu-
stowi trzy pułki z Warem wydarli [8]). Nie poszło też

---

[1]) Roku od założenia Rzymu 851, Chrystusa 98, którego Tacyt pisał tę książkę *de Morib. German.*

[2]) O wojnach Rzymian z Samnitami, ludem włoskim, obacz
Liwiusza. — *Paeni* toż samo co Kartagińczykowie.

[3]) Króla Partów i jego następców, *Reges Arsacidae.*

[4]) O klęsce Krassa wziętej od Partów, obacz Tacyta Roczne
dzieje k. II, 2.

[5]) Pakor, Oroda króla Partów syn, zwyciężony i zabity od
Wentydyusza hetmana rzymskiego. Gdy Publius Decidius Saxa,
wódz rzymski, w Syryi był zabity od Partów, a Pakor Syryą
opanował, posłano na jego miejsce Wentydyusza Bassa, który
Pokora zabił, i Syryą Rzymianom przywrócił. Obacz Flora k. I,
9. Tacyta historya k. V, 9.

[6]) Cymbrowie zwyciężyli Papiryusa Karbona konsula r. Rzymu 640 niedaleko Akwilei. W następnych latach wpadli do
Gallii, zkąd od Gallów wypłoszeni, weszli do Włoch, i posłali
do senatu z prośbą, aby im pewne tam grunta do mieszkania
wyznaczył. Senat sprzeciwił się temu, i przeciwko nim wysłał
Marka Juniusa Sylana konsula, roku Rzymu 645. Niepomyślność
tej wyprawy opisuje Liwiusz.

[7]) Lucius Cassius konsul roku Rzymu 647. „*a Tigurinis
Gallis pago Helvetiorum — cum exercitu caesus*“ za świadectwem Liwiusza. — Aureli Skaurus konsul roku 646 po rozgro-
mionych Rzymianach, w niewolę od Cymbrów wzięty, i wkrótce
zabity. Obacz Liwiusza, Plutarcha i Paterkula. — Klęski Serwiliusza Cepiona i Kneja Manliusza opisuje Florus w k. I, r. 649.

[8]) O zbiciu wojsk rzymskich z Warem ich wodzem przez
Cherusków, obacz Swetoniusza *in Augusto* i Tacyta Roczne dzieje w k. I.

łatwo Maryuszowi, Cezarowi, Druzowi, Neronowi i Germanikowi, gdy ich pierwszy po Włoszech, drugi w Gallii, ostatni trzej w ojczystej płaszali ziemi [1]). Wyszydzili potężne na siebie Kaliguli [2]) zamachy, a po niejakim spoczynku, korzystając z niezgód naszych i domowych turniejów, pozmiatawszy pułków zimowiska [3]), Gallią opanować przedsięwzięli. Nakoniec wygnani ztamtąd wzajemnie, w poślednich tych czasiech zwyciężeni bardziej niżeli zawojowani zostali [4]).

XXXVIII. Mówmy teraz o Swewach [5]), którzy większą część Germanii zastąpili. Nie jest to osobny i udzielny naród, jako Kattowie i Tenchterowie; ale się składa z wielu innych, różnych od siebie rodem i nazwiskami, lubo się wszyscy powszechnem imieniem Swewów nazywają. Właściwy narodu zwyczaj, zaczesane włosy na tył węzłem ujmować [6]). Tem się oni od innych Germanów, tem się u nich wolni od poddańców różnią [7]). W drugich narodach, bądź dla pokrewieństwa jakiego ze Swewami, bądź, co często bywa, przez naśladowa-

---

[1]) Marius wysiekł około 150,000 Teutonów pod miastem Aquae Sextiae, Aix w Prowancyi, roku Rzymu 652. Tenże Cymbrów wybił do 10,000 niedaleko rzeki Adige, Atesis we Włoszech. — Cezar Aryowista króla Germanów zwyciężył około Dampierre w prowincyi francuskiej *Franche Comté.* — Druzus, Nero i Germanik sławni zwycięstwami w Germanii. Obacz Tacyta w Rocznych dziejach k. I, II.

[2]) Obacz Swetoniusza *in Cajo Caligula.*

[3]) Obacz Tacyta w historyi k. IV i V.

[4]) Za Domicyana, obacz Tacyta w życiu Agrykoli.

[5]) Swewowie posiadali niezmierną ową ziem rozległość, któja się między Elbą, Wisłą, morzem Baltyckiem i Dunajem rozle a. Nazwisko Swewów było powszechne wielu narodom, tak jak teraz Niemcami Westfalów, Austryaków, Bawarczyków, Sasów i innych zowiemy.

[6]) Inni Germanowie nie zaczesywali włosów do góry, lubo je w tyle splatali, albo w węzeł układali. Seneka w k. *de Ira III,* 26. *„Crinis rufus et in nodum evinctus apud Germanos.“* Marcyalisz o Sykambrach *Spectaculorum carmine III. „Crinibus in nodum tortis venere Sicambri.“*

[7]) Tak u Swewów, jako i innych Germanów, golono głowy niewolnikom, albo im tak włosy przystrzygano, aby je w tył zaczesywać i węzłem zbierać nie można było.

nie, rzadka ta moda, chyba u młodzieży. Swewowie aż do siwizny zadarty włos z przodu na tył zawięzują, a częściej sobie chochoł z kudłów na wierzchołku ciemienia robią. Znaczniejsi pilniej i kształtniej około włosów chodzą. To u nich jedyne piększydło, lecz niewinne, nie tak dla ponęt miłosnych, jak żeby idąc do boju, roślejszemi się i okropniejszemi w oczach nieprzyjacielskich wydawali.

XXXIX. Semnonowie mają się za najdawniejszych i najznaczniejszych ze wszystkich Swewów. Dowodzą tej starożytności samą religią. W pewnych dniach, wszystkie z jednej krwi idące powiaty, zbierają się przez posły do ubóstwionego modłami przodków i starożytnem poszanowaniem lasu, gdzie na wstępie barbarzyńskiej ofiary człowieka publicznie zarzynają. Jest i drugi rodzaj nabożeństwa w tej świątnicy. Żaden tam nie wchodzi, chyba związany; a to dla wyznania przez tę niewolniczą postać zwierzchności boskiej. Jeśli się zdarzy upaść, nie godzi się podnosić; czołgają się nazad. Te zabobony mają za cel, aby każdy pomniał, że naród jego tu wziął początek, że tu Bóg nad wszystkiem panuje: reszta mu służy i podlega. Utwierdzają się w tem mniemaniu Semnonowie potęgą swoją [1]; składa się ich naród ze stu powiatów, a dla wielkości sił krajowych mienią się być głową wszystkich Swewów.

XL. Longobardów przeciwnie sama nieliczność jest zaletą, że będąc różnemi i potężnemi sąsiadami otoczeni, nie powolnością jaką, ale orężem w ręku i odwagą życia bezpieczeństwo utrzymują [2]. Za nimi

---

[1] Semnonowie, naród wielki z dzielnicy Swewów, mieszkali po obu stronach rzeki Odry, gdzie teraz Marchia średnia Brandeburska, Luzacya, z częścią dolnego Szląska i Wielkiejpolski, aż do rzeki Warty. Obacz Kluwera *in Germania antiqua.*

[2] Longobardowie za panowania Augusta Cezara mieszkali z tamtej strony Elby, między księstwami magdeburskiem i luneburskiem. Tyberyusz Cezar ich zwyciężył, i za Elbę przepędził, za świadectwem Strabona, Paterkula i Swetoniusza. Osiedli zaś z tej strony pomienionej rzeki, gdzie teraz część Marchii średniej z Marchią Pregnicką, między Elbą, Hawelą i Sprewą. W kilka potem wieków złączywszy się z innemi narodami, ufun-

mieszkają Reudygnowie [1]), Awioni, Anglowie, Waryni, Endozowie, Swardonowie, Nuithonowie [2]), lasami albo rzekami otoczeni, o których to tylko pamięci godna, że

---

dowali sobie nowe królestwo we Włoszech, na ruinach rzymskiego państwa, trwające do czasów Karola Wielkiego, który one zburzył, pojmawszy ostatniego ich króla Dezydera, około roku 774. Widzieć dotychczas prawa Longobardów u Lindenbroga. Lombardya teraźniejsza we Włoszech nosi nazwisko narodu tego. Burgundów niedalekich od Longobardów, a potem towarzyszów ich najazdów, opuścił Tacyt. Być musiała naówczas nie wielka ich rzeczpospolita. Mieszkali oni naprzód między rzekami Wartą i Notecią; wkrótce pomknąwszy się ku Odrze i Longobardom, wespół z nimi Dekumackie grunta, o których mówiono wyżej nieco, oraz rzymskiego państwa granice osiedli; zkąd potem wpadłszy do Gallii, opanowali te kraje, gdzie teraz prowincya francuska Burgundya i *Franche comté.* Prawa dawnych Burgundów zachował Lindenbrog.

[1]) Ponieważ z opisu Tacyta Reudygnowie siedzieli za Longobardami, musieli zatem zastępować część księstwa meklenburskiego z Lawenburgiem. Dawniej mieszkali za Elbą, gdzie piaski Luneburskie; Rede ztąd, zdaniem Ekkarda, nazwisko wzięte.

[2]) *Aviones,* podobno ciż sami, których Mamertyn w panegiryku Maxymiana nazywa *Chaivones,* sąsiedzi Reudygnów i Longobardów. Siedliska ich były w części księstwa meklenburskiego pogranicznej Marchii Pregnickiej. Przedtem mieszkali za Elbą około rzeki Ilmenawa. Ta rzeka, za świadectwem Ekkarda *in Rebus franc. Orient.* dotąd od mieszkańców nazywa się Awa. Jeśli się nie mylę z podobieństwa nazwisk, być mogło, że w następnych po Tacycie transmigracyach różnych narodów germańskich, mogli ci Awianie, czyli Chawianie, usunąć się za Odrę ku Wiśle i nadać imie Kujawianom naszym teraźniejszym. Anglowie mieszkali dawniej gdzie teraz część Holsztynu i Szlezwik. Znajdują się dotąd ślady narodu tego między Flensborgiem i Szlezwikiem w kraju nazwanym Angeln. W piątym wieku po Chrystusie, Anglowie w towarzystwie Saxonów weszli do Brytanii, i wyspie tej sławnej nadali nazwisko Anglii. Mylą się więc, którzy imie Anglików, jakoby dla piękności ludu *ab Angelis,* od aniołów wywodzą. Warynowie mieszkali nad brzegami rzeki Warny, w teraźniejszej części meklenburskiego księstwa. Miasteczko Warna około jeziora Maritz jest śladem starożytnego ich siedliska. Prawa Warynów spólne z Anglami, obacz w Lindenbrogu i w Leibnitzu. Tom I, *Script. Brunsv.* — Eudozowie mieszkali około Wizmaru i Rostoka. Swardonowie w Pomeranii szwedzkiej teraźniejszej, około Stralzundu. Nuitonowie w teraźniejszej Marchii Ukerańskiej. Ekkard kładzie tych Nuitonów przy rzece Noteci, *Netze,* lecz omylnie, dla jakiegoś podobieństwa w nazwisku. Raczejby ich położyć w księstwie Zerbst, gdzie płynie rzeka Nuta.

wszyscy oddają cześć bogini *Hertha* [1]), to jest ziemi, matce powszechnej, rozumiejąc, że się ona wdaje w sprawy ludzkie, i z kraju do kraju przechodzi się. Jest na wyspie oceanu gaj święty [2]), gdźie ukazują rydwan kapą przykryty, którego samemu tylko popu godzi się dotknąć. Ten gdy poczuje, że bogini miejsce swoje osiadła, zakłada parę jałowic, i idzie pozad z wielkiem uszanowaniem. Którekolwiek miejsce przechodem swoim lub gościną uraczy, tam świątki, tam wesołe rozrywki. Ustają wojny, nie błyska oręż, wiszą w zamknięciu bezczynne żelaza, i dotąd tylko panuje ulubiony pokój, póki tenże pop sytej obcowaniem ze śmiertelnemi bogini, do swojej świątnicy nie odwiezie. Po tej wędrówce myją powóz, kapę, i samo, jeśli temu dasz wiarę, bóstwo, w tajemnem jeziorze [3]), które natychmiast pożera zażytych do posługi niewolników [4]). Ztąd w gminie ukryta bojaźń i święta niewiadomość tego, co sama tylko śmierć objawia.

XLI. Ta tedy część Swewów ciągnie się w głąb Germanii [5]). Bliżej ku nam (że się teraz Dunaja, jak pierwej Renu trzymać będę) mieszkają Hermundurowie [6]),

---

[1]) Dotąd Niemcy nazywają ziemię w swoim języku Erde. We wszystkich prawie narodach był ten zabobon, że ziemię, jako żywicielkę i matkę wszystkiego tworu czcili.

[2]) Niektórym zdaje się, że ta wyspa jest Rugią. Podobniejsza jednak do prawdy, że tu mowa o wyspie przy ujściach rzeki Elby, dotąd nazwanej Helgoland czyli Heligeland, to jest święte miejsce.

[3]) Jakby się obcowaniem ludzi zakurzyła.

[4]) Topili popowie tych nędzników, żeby ich szalbierstwa nie wydali.

[5]) Ku północy i po nad morzu.

[6]) Niektórzy z pisarzów niemieckich twierdzą, że ten naród Germanów nazywał się dla męstwa w ich języku Heermanner, które nazwisko Rzymianie przewrócili na Hermundurów. Mieszkali między rzekami Salą, Elbą i Bojohemum, teraz czeskiem królestwem, gdzie teraz Woigtlandya, Saxonia, część Misnii i Frankonii. Potem gdy Markomanowie po wygnanych Bojach przez Maroboda króla, opanowali Bojohemum, Hermundorowie ich siedliska do swoich przydali, i tam nazwisko narodowe Swewów z sobą wnieśli. Kraj ten dotychczas nazywa się *Svevia*, to jest Szwabska ziemia.

naród wierny Rzymianom [1]). Dla tej przyczyny im sa-
samym ze wszystkich Germanów pozwolony handel, nietylko na pograniczu lecz i głębiej, owszem w najpię-
kniejszej osadzie [2]) prowincyi Recyi. Nie przydają się
im strażnicy, wolna wszędy podróż, a gdy innym narodom sam tylko oręż i obozy nasze ukazujem, im
otwarzamy domy i wioski, choć o to nie proszą [3]).
U Hermundurów bierze początek Elba, rzeka sławna i
niegdyś znajoma; teraz o niej ledwo słychać [4]).

XLII. Przy Hermundurach mieszkają Naryskowie [5]),
a za nimi Markomani [6]) i Kwadowie [7]). Z tych największa sława i potęga przy Markomanach, którzy samą tę krainę gdzie siedzą, wygnawszy niegdyś Bojów [8]), mieczem zdobyli. Nie odrodni są od nich i Na-

---

[1]) Hermundurowie potem, za panowania Marka Aureliusza.
uczyniwszy spisek z Markomanami i innymi Germanami, porwali
się na tego cesarza, który ich zwyciężył. Obacz *Julium Capi-
tolinum.*

[2]) W Auszpurgu, które miasto nazywało się *Colonia, Augusta Vindelicorum.* Wendelicya prowincya rzymska była częścią
pod ów czas prowincyi Recyi. Obacz o niej wyżej.

[3]) Hermundurowie, równie jak inni Germani, nie nader byli
ciekawi oglądać wspaniałości gmachów rzymsk ch, przestając na
swojej chudobie.

[4]) Tłómacze Tacyta zadają mu błąd w wyprowadzaniu źródeł Elby, powiadając, że ta rzeka brała początek nie u Hermundurów, ale w Bojohemum, teraźniejszych Czechach. Tacyt wziął
źródła rzeki Egry za źródła Elbiane. Być atoli mogło, że Hermundurowie służąc pod znakami Maroboda króla Markomanów,
wzięli od niego część jaką Bojohemii do mieszkania, jako świadczy Ekkard *in Reb. Fran. Oriental.* Rzeka Elba sławna była
za wojen rzymskich z Germanami pod wodzą Tyberyusza, Druza
i Domicyusza: potem gdy ucichły w tamtej stronie wojny, wy-
szło też z pamięci Rzymian imie Elby.

[5]) Naryskowie siedzieli między Hermundurami i Markomanami, gdzie teraz część Bawaryi, między Czechami i Dunajem.

[6]) Markomani, gdzie teraz czeskie królestwo, osiedli w Bojohemum, wygnawszy Bojów, naród galski.

[7]) Kwadowie mieszkali gdzie teraz Morawy i część Austryi
przed - Dunajska. Obacz o nich i o ich dziełach z Rzymianami
za cesarzów Walentyniana i Walensa, w Amianie Marcellinie.

[8]) Obacz wyżej roz. 28. Markomani nim Bojów wygnali,
siedli blisko źródeł Dunaja, gdzie teraz księstwo Wirtemberskie
a że ich siedliska były pograniczne Germanii, przeto ich nazwa-

ryskowie z Kwadami, trzymając czoło Germanii z tej strony, która ku Dunajowi zabiega [1]). Markomanowie mieli aż do naszej pamięci królów własnego rodu, idących ze krwi szlachetnej Maroboda [2]) i Tudra; teraz już i obcych znoszą. Atoli władza ich i potęga z powagi rzymskiej wypływa [3]): częściej ich jednak pieniędzmi, niżeli wojskiem wspomagamy.

XLIII. Poniżej Markomanów i Kwadów [4]) siedzą niemniej potężne narody Marsygnów [5]), Gotynów [6]), Ozów [7]) i Burów [8]), z których pierwsi i ostatni tylko noszą się i mówią po swewsku. Gotonów język galski, a Ozów pannoński wydaje, że nie są Germanami. Prócz tego znoszą ciężary dannicze, które na nich Sarmatowie i Kwadzi, jako na obcych wkładają, a co najsromotniejsza, że Gotynowie żelazo nawet kopią [9]). We wszystkich tych ziemiach niewiele równego pola, krajowcy najwięcej po wierzchołkach gór i w lasach osie-

no Marcmänner, jakoby lud graniczny. To zdanie Dytmara sprawiedliwsze jest od uwagi Leibnitza, który Markomanów nazwisko wywodzi od rzeki Marka w Morawii.

[1]) Jak wielkie Markomanowie złączeni z Naryskami i Kwadami mieli wojny z Rzymem, pod Markiem Aureliuszem cesarzem, obacz Diona w k. 72.

[2]) O Marobodzie, obacz Roczne dzieje w księdze II, rozdział 46, 62.

[3]) Rzymianie tym narodom nadawali królików. O królestwie Wanna jest mowa w Rocznych dziejach k. II i XII.

[4]) Idąc w dół ku północy, Tacyt usadza teraz nad Wisłą i Odrą resztę narodów germańskich, jak dawniej one usadzał nad Renem, Wezerem i Elbą.

[5]) Gdzie teraz hrabstwo Glatz, czyli po polsku Kladskie, Jagendorf, i część Szląska ku Wrocławiowi.

[6]) Gotynowie około źródeł Wisły, Odry i Elby, gdzie teraz księstwo cieszyńskie z częścią wojewodztwa krakowskiego.

[7]) Ozowie ciągnęli się od lewej strony Wisły i Oświęcima, *Osôrum vicus*, aż ku źródłom Warty, zajmując razem część Szląska ku Raciborzowi. Niektórzy ich siedliska aż ku Dunajowi rozciągają, lecz podobno omylnie, bo tam Kwadowie byli.

[8]) Burowie mieszkali po nadbrzeżach Warty, gdzie teraz województwo sieradzkie, zajmując część Szląska do Odry.

[9]) Zażywali ich Sarmaci do kopania kruszców żelaznych, których jest podostatkiem w Krakowskiem, a Kwadowie w Morawach i na Szląsku.

dli [1]). Albowiem Swewia przecina i dzieli nieprzerwane gór pasmo [2]), za któremi wiele narodów mieszka, a między niemi najobszerniejsze mają dzierżawy Ligowie [3]), z wielu powiatów złożeni.

Dosyć wyliczyć najznaczniejsze: Aryów, Helwekonów, Manimów, Elizów, Naharwalów [4]). Naharwalowie pokazują u siebie gaj, starożytnem nabożeństwem poświęcony. Strażnikiem jego pop, w odzieniu niewieściem. Oddają cześć bogom, jacy są w tłómaczeniu rzymskiem Kastor i Pollux, przyznając im moc tęż samą. Nazwisko ich *Alcis;* nie widać żadnego posągu, ani żadnych obcych obrządków, prócz tego, że ich jako braci i mło-

---

[1]) Z wyrazów Tacyta pokazuje się, iż wzmiankowane od niego narody Swewów, mieszkały w krajach górzystych, jaka jest część Szląska górnego z pograniczem polskiem od niego i od Węgier.

[2]) Mowa tu o tych górach, które są między Morawami, Szląskiem, Węgrami i Czechami.

[3]) Ligowie, według Tacyta, było powszechne nazwisko wielu powiatów Swewii polistej. Mieszkali oni gdzie teraz część Szląska dolnego niżej Wrocławia, tudzież Wielka Polska właściwa, z przynależnemi wojewodztwami aż do Wisły. O tych Ligach, obacz obszerne dzieło Marcina Hanka „*De nominibus Silesiorum*"— także Kluwera *in „Germania antiqua.*"

[4]) Zbiór tych powiatów ligijskich wyliczony od Tacyta, mieszkał między Odrą a Wisłą, gdzie teraz Szląsk, z częścią Wielkiej i Małej Polski: trudno atoli dokładną dawać posadę każdemu z nich, ile gdy po rozproszeniu Germanów w tych stronach, różnemi barbarzyńców i innych przechodami i zabiegami, to jest Gotów, Gepidów, Longobardów, Wandalów, Hunnów, a naostatek po usunieniu się ich z innymi Germanami do Gallii, Hiszpanii, tudzież innych prowincyj państwa rzymskiego, następcy Słowianie na ich siedlisku, same nawet imiona rzeczonych powiatów i narodów zagładzili. Od Elizów nazwiska wywodzą niektórzy Sylesiów, to jest Szlązaków. Jednak Elizowie dawni nie cały Szląsk, ale cząstkę jego tylko posiadali, bądź około rzeki Elsa, która wpada do Odry wyżej Raciborza, bądź około rzek Bobra i Nissy, gdzie według Dytmara w dziewiątym nawet wieku znajdowała się osada Słowaków, nazwana *pagus Silensis.* Podobniejsza jednak do prawdy, że Szląsk starożytni Polacy nazwali Zalesiem, dla różnicy ziem lesistych i górzystych około Węgier, Morawców i Podgórza, jakoby krajem zaleśnym, zkąd potem urodziło się nazwisko Zlezia, Slesia, nie *Silesia*, jako widzieć we wszystkich starych dyplomatach Piastów naszych na Szląsku panujących.

dzieńców wielbią [1]). Wreszcie Aryowie, prócz sił, któremi wspomnione wyżej narody przechodzą, wrodzoną

---

[1]) Naharwalowie, jeden z najznaczniejszych powiatów ligijskich, do dawnej Swewii należących, mieszkali według wszelkiego podobieństwa, tudzież opisu niemieckich autorów i kart geograficznych dawnej Germanii, gdzie teraz część województwa sandomirskiego, to jest, gdzie powiaty sandomirski i chęciński. Dowodem największym mniemania tego być zdaje się wzmianka w Tacycie, iż w tym kraju starożytni Germanowie mieli gaj jakiś święty, w którym bożkom swoim pokłon oddawali. Gaj ten czyli puszcza musiała być w poszanowaniu u Germanów, od czasów wyższych nierównie od Tacyta, ponieważ on sam nazywa go: *„Antiquae religionis lucus.“* Germanowie będąc sami narodem starych Celtów, czyli Keltów, którzy, zdaniem uczonego Filipa Kluwera Gdańszczanina, ufundowanem gruntownie na świadectwach pisarzów greckich i łacińskich, Hiszpanom, Gallom, Brytanom, Illirykom i Germanom dali początek; Germanowie, mówię, będąc Celtami, wiele od nich wzięli zwyczajów w religii nawet. Dyodor sycylijski w k. IV powiada, że *„Celtae oceani accolae deorum maxime Dioscuros venerantur.“* Pod imieniem Dyoskurów (w greckim języku synów Jowisza), czcili Rzymianie i Grecy Kastora z Polluxem, synów Jowisza i Ledy. Grecy wzięli tych bożków od Celtów, dawniejszych nierównie od siebie. Dla czego Tacyt, pisząc o Naharwalach, mówi: iż oni ich jako braci i młodzieńców wielbiąc *„ut fratres, ut juvenes,“* nie zasięgali tego obrządku z obcych zwyczajów, ale własną swoję z przodków Celtów religią mieli: *„nullum peregrinae superstitionis vestigium.“* Od Celtów nadmorskich, o których mówi wyżej cytowany Dyodor, przeszło to nabożeństwo ku Polluxowi i Kastorowi do bliższych Dunaja i południowych Germanów. Czcili ich Naharwalowie pod imieniem Alków, *nomen Alcis*, nie stawiając im żadnych posągów, ale w tem samem co i Rzymianie rozumieniu, że w czasach burzliwych na morzu, pokazywali się na masztach w postaci ogniów, które dotąd się pokazują, nazwane pospolicie od żeglarzów *Ignes fatui* albo *le feu saint Elme*. Celtowie nadmorscy, bawiąc się żeglarstwem i handlem wodnym, mieli przyczynę kłaniać się tym bożkom. Germanowie mieszkający daleko od morza, jako Naharwale, podobno tylko od przodków Celtów wzięli zwyczaj nabożeństwa ku nim, choć pomocy nie potrzebowali. Wreszcie jeśli religia najczystsza, jaka była pierwiastkowa w Żydach, odsuwając się powoli od swojego gniazda, mięszała się baśniami tworzonemi od gminu, a Noe z czasem od Greków w Deukaliona, Abraham w Saturna odmienił się; mogli ci bajeczni bożkowie celtyccy być wielbionymi na brzegach w postaci ogniów morskich, a na górach i lądzie w postaci lądowych i górnych. Nie nowina widzieć te nocne błyskotki mianowicie w górach, gdz'e częstsze z ziemi kruszcowe exhalacye

postaci okropność sztuką czasem bardziej jeszcze srożą. Czernią puklerze, farbują ciała, wybierają co najciemniejsze nocy do bitew; a tak samym postrachem i po-

---

natura ogniem zażega. A tak i Naharwalowie czcili swoich Dyoskurów po górach, pod imieniem *Alce*, uformowanem z języka starożytnych Germanów, w którym zdaniem uczonego Kejslera *in Antiquitatibus Celticis*, góra i duch górny nazywano Alp, Alf i Elf, według dyalektów krajowych. *„Veteribus notat montem aeque ac daemonem montanum.“* O takich tedy bożkach mówi Tacyt, że ich czcili Naharwalowie. Jeśli się udamy do historyi naszej, acz w ciemnoty uwikłanej, możemy jakiekolwiek w późniejszych wiekach znaleść do prawdy podobieństwo, że ten starożytny gaj, Kastorowi z Polluxem poświęcony, *„antiquae religionis lucus“* znajdował się na tem miejscu, gdzie teraz Łysa góra, albo góra Swiętokrzyska, sławna klasztorem benedyktyńskim. Czytelnik, jeśli nam wiary nie da, przynajmniej kłamstwa nie zada. Kielce teraźniejsze niedalekie Łysej góry, miały dawniej swój powiat, *districtus, tractus Kelcensis*. Można zaiste upatrzyć wielkie podobieństwo między Kielcami, a Keltami czyli Celtami, których religia bez wszelkiej wątpliwości zaszła z Germanami aż do Naharwalów, ostatnich prawie narodów germańskich udziału Swewów, ku Wiśle od Elby rozciągnionych. Ślad imienia Celtów tak być mógł w Kelcach niezatarty, jak *Calissium* Ptolomeusza w Kaliszu naszym, *Isula* Pliniusza w Wiśle, powiat Scytów Halizonów, znany za Herodota, w Haliczu teraźniejszym, z Poratą rzeką, dzisiejszym Prutem, i wielu innych nazwiskach starożytnych, które szczęściem jakiemści uszły zębów czasu, a nawałnicy przechodów tylu narodów barbarzyńskich. Idźmy do dalszych konjektur. Tacyt powiada, że pop, który tego świętego gaju pilnował i gmin prosty durzył, chodził w odzieniu kobiecem *„sacerdos muliebri ornatu.“* U Celtów i Germanów w wielkiem były poszanowaniu niewiasty, natchnione niby duchem jakimści prorockim, w rzeczy samej bałamutki, które Druidami także, jak mędrców celtyckich nazywano, jakie były Welleda, Aurynia i inne. One wróżyły, one sny tłómaczyły, one małżeństwa wiązały. One miały częstokroć dozór, jak i teraz na Rusi Drużki, religii. Powieści gminne mają zawsze za fundament jakowąś pierwiastkową prawdę. Możnaby zaiste, przywodząc na pamięć owe baśnie o babach na Łysą górę latających, które pospólstwo uwiecznia, możnaby mówię znaleść w nich jakowyś prawdy promyczek, że na Łysej górze był jakiś zabobon pogański, gdzie albo kobieta była ksienią, albo chłop w odzieniu kobiecem obrządki sprawował. Iskrzące się ożogi, na których w mniemaniu gminnem czarownice na Łysą górę latają, są jakimści dowodem iskrzących się częstokroć po nocy, mianowicie nad miejscami górnemi i lesistemi ogniów głupich, które pospólstwo bierze za latawców, a filozof nazywa *„ignes fatui, capra*

mroką żałobnych hufeów płoszą nieprzyjaciela, niemo-
gącego znieść pozoru tej niezwyczajnej, a prawie pie-

---

saltans, draco volans.“ Wreszcie, że na tej górze były znaki
starożytnej jakiejści budowy, albo raczej obwodu z kamieni leśnej
świątyni, ponieważ Celtowie z Germanami nie zamykali bożków
swoich w kościołach, mamy jasne świadectwo Długosza, choć
nieco także baśniami przyćmione. Powiada on na karcie 143
w t. I, iż góra Łysa jest najwyższa ze wszystkich Alpów polskich.
*„Jugum Alpium, quae Calvariae vocantur, et quibus Poloniae
regnum altius non habet.“* Mówi dalej, (choć myląc się w chro-
nologii względem Emeryka, który pod ów czas był dziecięciem)
iż Bolesław Chrobry, z Emerykiem królewiczem węgierskim polując około Kelców w lasach, a uganiając się za jeleniem, wje-
chał na wierzchołek tej góry, *„circa oppidum Kelce contigit
illis in jugum Alpium venando devenire etc.“* Przydaje tenże,
iż tam znaleźli rozwaliny starożytnych mieszkańców, które i wy-
laniem powodzi potopowej, i dawnością budowy, w skaliste bryły
zamieniły się. *„Ruinas veterum habitatorum, quae et diluvio
universali etc.“* Powiada nakoniec, że te rozwaliny były niegdyś
mieszkaniem olbrzymów, czyli Cyklopów i ludzi potężnych, którzy tam siedlisko swoje przez czas niejaki mieli. *„Locum enim
illum ferunt commodam habitationem et arcem gigantum
seu Cyclopum et virorum fortum fuisse.“* Co Długosz z powieści bajecznych poprzedniczych powiada o gigasach, olbrzymach, Cyklopach, mieszkających niegdyś na Łysej górze, to się
w rzeczy samej ma rozumieć o Germanach narodu Swewów, jacy
byli Naharwale, którym Tacyt siedliska tam wyznacza. Północne
narody, słysząc coś od przodków z pisma św. o olbrzymach
w księdze *Genesis*, rozd. 6 wspomnionych, utworzyli ztąd różne
baśnie o całych narodach olbrzymskiej postaci. Pełno było tych
bałamuctw u starych Brytanów, w Danii, w Szwecyi, Finlandyi i
w Germanii, jako o tem pisze Kejsler *in antiquitatibus celticis*. Nie było atoli nigdy takiego między ludźmi narodu. Wszelako Germanowie, będąc większego nad zwyczaj wzrostu, dali
okazyą do pomnożenia bajek i w gminie prostym. Juliusz Cezar
w k. I *Belli Gallici* powiada o Swewach: *„Lacte atque pecore
vivunt, multumque sunt in venationibus. Quae res et cibi
genere, et venatione, et libertate vitae, et vires alit, et immani
corporum magnitadine efficit.“* Vitruvius z Kwintylianem mówią o Cymbrach, że *„non minus animorum immanitate, quam
corporum belluis proximos esse.“* Rzymianie, czyniąc dobór
żołnierzy, przestawali na chłopie wzrostu na półszostej stopy. Sidonius Appolinaris mówi o Burgundach narodzie germańskim, mie-
szkającym między Wartą a Notecią, że do siedmiu stóp dochodzili:
septi-pedes. Toż samo twierdzą o Germanach Solinus w roz. 20,
Egesippus w k. II, Kolumella w k. VII, Pomponius Mela i wielu innych.
Słowianie ojcowie nasi, nastąpiwszy na miejsce Germanów od

kielnej czeredy: albowiem we wszystkich potyczkach
najpierwej oko pierzcha [1]). Za Ligami mieszkają Go-
thonowie, w większej nieco nad inne Germany królom
podległości, atoli nie nad wolność [2]). Tuż przy nich

Wisły aż do Elby, znaleźli na różnych miejscach ślady gmachów,
bóżnic, i obrządków. Zadziwieni ich ciał ogromnością, a potężnemi po wierzchołkach gór zwaliskami dawnych murów, któremi
świątynie swoje obwodzili, wnosili sobie, że tam olbrzymi jako-
wiś mieszkać musieli. Ztąd wynikło owe mniemanie o Łysej górze, niegdyś przez Naharwalów, Germanów swewskiego rodu po-
siadanej, którą Długosz nazywa *arcem gigantum*, z podania starych Polaków, u których, za świadectwem Szczygielskiego *in
Aquila Polona Benedictina* na karcie 119, był jej wierzchołek
famosus apud veteres Polonos. Do jedenastego wieku po Chrystusie pustowało to miejsce; Bolesław Chrobry w pierwiastkach
chrześciaństwa zbudował tam kościół, pod imieniem ś. Trójcy,
osadziwszy Benedyktynów sprowadzonych z Włoch z góry Kas-
synu, około roku 1006. Przyczynę daje Szczygielski wyżej cytowany: „*Ecclesia tamen illius caenobii titulo sanctissimae Tri-
nitatis sub prima sui dedicatione consecrata est, ad trium
idolorum Lada, Boda, Leli in eo loco ab infidelibus specia-
liter cultorum, abolendam memoriam.“* Coby znaczyły te trzy
bożyszcza, łatwo wnosić, bądź z powieści Tacyta, że Naharwalowie czcili tam Kastora i Polluxa, bądź ze znajomości bałwochwalstwa starych Polaków, którzy tych mniemanych bożków
nazywali Lelum Polelum, jako świadczy Długosz, i którzy na
cześć ich, Lada! Lada! zdaniem Kromera wykrzykiwali. Jakoż
Lelum Polelum wyraża niejakoś imie Poluxa, czyli w greckim języku Polidewka, Lada zaś boginią Ledę ich matkę. Aże tam
znajdowały się bałwany, *idola* przeciwko dawnemu zwyczajowi
Germanów, u których, za świadectwem Tacyta, *nulla simulacra,*
być mogło potem, że jak Germanowie zaczęli potem robić po-
sągi, tak i Słowacy, wziąwszy z krajem ich obyczaje i religią,
bożkom owym dawniej pod postacią ogniów latających wielbio-
nym, bałwany wystawili.
   [1]) Był ten zwyczaj dawniej u wielu narodów; widzieć go często i teraz w Ameryce. Pliniusz w k. 22 powiada o
Dakach i Sarmatach: „*Illiniunt certe aliis aliae faciem in populis barbarorum faeminae; maresque etiam apud Dacos et
Sarmatas corpora sua inscribunt.“* Kobiety czyniły to dla wdzię-
ku, jak i teraz: mężczyźni dla postrachu. Jeśli się teraz żołnie-
rze nasi farbami nie malują, zostały jednak ślady dawnych Germanów w uzarach czarnych, w trupich główkach, w zapuszcza-
niu wąsów aż do uszu.
   [2]) Gotonów siedliska były w części Pomeranii, między Odrą,
Wisłą, Notecią i morzem Baltyckiem. Rząd u nich był królewski,

na brzegach oceanu siedzą Rugowie z Lemowami; ci wszyscy noszą krótkie miecze, okrągłe tarcze, i królom swoim służą ¹).

XLIV. Naprzeciw widzieć na oceanie Swionów ²), potężnych morską i lądową siłą ³). Wodne ich statki tem się od naszych różnią, że z obu stron mając czoło, łacno się obiema do brzegu przybić mogą. Nie noszą żaglów, ani mają wioseł rzędem po bokach usa-

---

mięszany jednak z gminnym, jako wyraża Tacyt: „*Gothones regnantur, nondum tamen supra libertatem.*" Zdaje się iż Gdańsk, nazwany dawniej Godanum, Gidanie, był tych Gotonów najznaczniejszą dzierżawą.

¹) Rugowie mieszkali około Kolberga i Rugenwaldy w Kaszubach. Wyspa Rugia, podobno też do nich należała. Lemowów kładą późniejsi pisarze niemieccy około Stolpy i Lawenburga. Zdaje się, iż wkrótce po Tacycie Herulowie Sarmaci przeszedłszy Wisłę, osiedli na miejscu Lemowów, ponieważ o nich niemasz więcej wzmianki w starożytności. Herulowie mieszkali między Niemnem a Wisłą, gdzie teraz Prusy i Żmudź. Wsławili się za króla swego Odoakra opanowaniem włoskiej ziemi, zkąd potem wygnani, powrócili do dawniejszych siedlisk, i opadli częścią w teraźniejszem księstwie Meklemburskiem, częścią w Litwie. Hartknoch w dysertacyach o pruskich starożytnościach dowodzi, że język Herulów, czyli Werulów meklemburskich, wcale jest podobny do żmudzkiego i pruskiego, zkąd wnosi, że ci Werulowie ztamtąd wyśli pierwiastkowie, i że powróciwszy nazad z Włoch, wiele z sobą słów łacińskich do dawnej mowy przynieśli.

²) Naprzeciw Rugów i Lemowów. Przez ten wyraz oznacza Tacyt królestwa teraźniejsze Szwecyi i Norwegii z wyspami duńskiemi Langland, Zeeland, Laland. Z tychto to krajów, to jest ze Swionów i Cymbrów, wyszli Normanowie, czyli mężowie północni, którzy nabroiwszy wiele w prowincyach rzymskich, opanowali nakoniec część Gallii dawnej, nazwaną teraz Normandya. Z tychże miejsc północnych wybrnęły owe sławne rozbojami Gotów, Ostrogotów i Wizygotów imiona, pod których potęgą upadło rzymskie państwo. Nie przypisujemy jednak krajom północnym takiej ludności, jakaby wystarczyć mogła na podbicie Rzymian. Tak zrządziła Opatrzność, że ci Gotowie wypadłszy w niewielkiej liczbie ze swoich siedlisk w drugim wieku po Chrystusie, a inne potem germańskie i sarmackie narody do spółki swoich rozbiorów i nazwiska przyjąwszy, w niezmierną potęgę urośli. Obacz o tem Jornanda i Prokopa.

³) Rzymianom nie była znajoma ta część świata północna; przeto, w niedostatku dokładnej wiadomości, potworzyli sobie z niepewnego słuchu niezmierne na oceanie wyspy, jakośmy mó-

dzonych. Leżą pojazdy, w czasie tylko zwrotu, jak na rzecznych żeglugach, w potrzebie zażywane. Bogactwa u nich są w poszanowaniu: dla tego też jednemu panu służą, bez żadnych przywilejów prawo podległości nadwerężających [1]). Nie wolno nikomu, jak u innych Germanów, oręża nosić. Wszystka broń chowa się w zamknięciu, i to pod strażą niewolniczą [2]); ponieważ nagłych wycieczek od nieprzyjaciół ocean broni, a gmin orężny w pokoju' łacno się burzy; do tego interes królów tak każe, nie stawić nad zbrojownią wyzwoleńca i wolnego, dopieroż szlachcica.

XLV. Za Swionami rozlega się inne morze, gnuśne i prawie martwe [3]). Końcem i ostatnim okręgu ziemne-

---

wili-w roz. I. Pliniusz w k. IV, roz. 13, mówi o morzu Baltyckiem: „*Sinus Codanus refertus insulis, quorum clarissima Scandinavia* (teraz Szwecya i Norwegia) *est incompertae magnitudinis, portionem tantum ejus, quod sit notum, Hillevionum gente, quingentis incolente pagis, quae alterum orbem terrarum eam appellat.*" Ślady narodu Hillewionów zostały w części Szwecyi nazwanej Halland. Lecz Pliniusz pomylił się nazywając Skandynawią wyspą.

[1]) Gdzie panowanie nad morzem i handel z żeglugi, tam bogactwa i wszystkiego dostatek. Anglia, Francya, Holandya, Hiszpania z Portugalią są tego dowodem. Tacyt daje przyczynę monarchii z przywiązania do bogactw Swionów. Narody te wolały mieć i używać spokojnie pod jednym królem, niżeli się w nierządzie i ubóstwie zaszczycać wolnością, jaką mieli Ozowie i Arawiskowie, gdzie *par inopia et libertas*. O bogatej wielce bożnicy Swionów powiada Adam bremeński kanonik, pisarz XII, wieku w hist. kościel. w roz. 233. „*Nobilissimum illa gens templum habet, ubi Ubsola dicitur, non longe a Sictona* (teraz Sigtuna) *et Birca* (teraz Bioerkoe). *In hoc templo, quod totum auro paratum est, statuas trium deorum veneratur populus, ita ut potentissimus eorum Thor in medio solum habeat triclinium, hinc et inde locum possideat Wodan et Fricco.*" Z rozwalin miast starożytnych Syktony i Birki dzwignęła się stolica Szwecyi Sztokholm.

[2]) Obacz o tem w roz. 25.

[3]) Ocean północny, sewerny, lodowaty, dla brył lodowych mało dostępny żeglarzom w naszych nawet wiekach. Rudbek in *Atlanticis* powiada, że Swionowie płynęli aż na morze lodowate, które około 81 gradusa jest niepodobne do przebycia.

go zakresem ztąd je nazwać można, że blask zachodzącego słońca stykając się tam ze świtem, zapałem swoim inne zorza tępi [1]. Przydaje gminne mniemanie, że tam słychać dźwięk jakiś, kiedy się ponurza; widzieć postaci bożków, i wieniec promienisty na głowie jego [2]. To prawdziwsze, że się tam kończy przyrodzenie [3]. Po prawej stronie szwedzkiego morza [4], mieszkają Estonowie [5], odzieniem i zwyczajami do Swewów [6], językiem do Brytanów podobniejsi [7]. Oddają

---

[1] Tacyt nie był dobrym astronomem. Nie dla tej przyczyny w najpółnocniejszych krajach blask słońca zachodzącego i wschodzącego żadną się pomroką nie dzieli, jakby się już świat kończył; lecz że ta ziemia ciągnie się do 72 gradusa, a tem samem przechodzi cyrkuł polarny, *circulus polaris arcticus*, pod którym, mocą biegu słonecznego, dnieje przez 24 godziny.

[2] Starożytność bałwochwalska natworzywszy sobie bożków z rzeczy widomych i niewidomych, w poczet ich policzyła i słońce, a poetowie więcej jeszcze dla okrasy dzieł swoich baśni przydali. Ztąd one konie i wozy Apolina, Tytana, Hyperyona, Febusa czyli słońca. Ztąd wyjście jego tryumfalne, po miłym w oceanie noclegu z poprzedniczemi bóstwami, ztąd zajazd d o morza z wozem i końmi spracowanemi na spoczynek. Zacni malarze biorą z powieści poetyckich modele do ozdób sal i pokojów pałacowych. Piękny i równy dziełom starożytnych sławnych artystów obraz wschodzącego słońca, widzieć w sali zamkowej, kosztem i gustem króla Stanisława Augusta, architekturą jp. Dominika Merliniego, a pędzlem jp. Marcella Baciarellego ozdobionej.

[3] Wieki poślednie odkrywszy Szpitzberg i Grenlandyą świadczą, że Tacyt świat zacieśnił.

[4] *Mare Svevicum*, teraz morze Bałtyckie.

[5] *Aestii*, teraz Prusy wschodnie, księstwo żmudzkie, Kurlandya, Inflanty i Estonia, która dotąd starożytnych Estonów nosi nazwisko.

[5] Obacz o Swewach roz. 38.

[7] Estonowie na ostatnich brzegach Germanii mieszkający, używali mowy dawnych Celto-Scytów, którym językiem mówili Brytani, z tychże Celto-Scytów pochodzący. Dowodzi tego Dytmar. Teraźniejsi Anglicy nie mają w mowie swojej żadnego podobieństwa z naszymi Estonami, jako naród germański z Anglo-Saxonów złożony: chyba może w gminie angielskim, jako płodzie dawnych Brytanów, ślady jakie pierwiastkowego ich języka i podobnego do estońskiego pozostały. Teraźniejsi nawet Estonowie, z odmianą wieków i panów, mają język z niemieckiego, finlandzkiego i ruskiego pomięszany, który jednak w początkach swoich był podobno ten sam, którym Litwa, Prusy i Żmudź gada.

cześć matce bogów, [1]), a na znak tego nabożeństwa noszą obrazy wieprzów [2]), które im służą za wszelki oręż i obronę, owszem między samemi nieprzyjaciołami chwalcom bogini bezpieczeństwo dają. Rzadko używają żelaznej broni; najczęściej pałek [3]). Bawią się około roli pilniej, niżeli zwyczaj niesie leniwych Germanów [4]). Szperają także w morzu, a sami jedni ze wszystkich znajdują po mieliznach, owszem na samych brzegach, bursztyn, który po swojemu *Glesum* zowią [5]). Atoli będąc barbarzyńcami, nie znają, ani są ciekawi poznać jego przyczyn i natury. Przed laty, nim zbytki nasze dały mu szacunek, leżał długo na brzegach, jako po-

---

[1]) To jest ziemi, nazwanej u Germanów Herta, jako się mówiło w roz. 40. Estonowie nazywali tę boginią Frea, Frikko, lubo uczony Kejsler *in Antiquit. celticis* rozumi nie boginią ziemię, Tellus, ale słońce. Cóżkolwiek bądź, wzięli to nabożeństwo jak Germani, tak Estonowie, od przodków swoich Scytów, którzy za świadectwem Herodota w k. IV, roz. 59, między innemi bogami czcili ziemię, *Tellurem*, matkę wszystkiego, pod imieniem *Apia*.

[2]) Tego zabobonu widzieć dotąd ślady w Szwecyi, gdzie chłopstwo w miesiącu lutym, kiedy się u dawnych Estonów odprawowało święto Frei, ulepia sobie wieprza z ciasta, i na różne gusła zażywa. Obacz Ekkarda w t. I. *Rerum Fran. Orient.* Obacz także Kejslera *in Antiquitat. Celticis* na karcie 159.

[3]) Dawni Prusacy, prowadzący ród swój od Finnów, używali takiego oręża, za świadectwem Hartknocha *in Dissert. Pruss.* Mazurowie pałki swoje nasiekane wzięli od Prusów sąsiednich.

[4]) Lud bitny i wojny chciwy, jacy byli Germanowie, zaniedbywał roli.

[5]) Bursztyn nie same tylko kraje Estonów dawnych, a teraźniejsze Prusy ze Żmudzią wyrzucają; znajduje się ta guma wodna w rzekach i w jeziorach. Jest w gabinecie fizycznym króla jmci Stanisława Augusta kilka sztuczek bursztynu, które na rzece wołyńskiej Horyniu, i na jeziorze Wyhonowskiem w Pińszczyznie ułowione od rybaków, ofiarował monarsze jw. jp. Kajetan Korzeniewski, regent kancelaryi mniejszej w. ks. l., konsyliarz rady w r. 1780. Estonowie być musieli z narodu germańskiego, w którym dotychczas szkło, do którego jest podobny bursztyn z przezroczystości, *Glas* nazywa się. Pliniusz w k. XXXVIII powiada toż samo: *a Germanis appellari Glessum*. Tenże mówi, że za Nerona przyniesiono do Rzymu sztukę bursztynu, ważącą 13 funtów. O rzece Erydanie, wyrzucającej bursztyn, która nie jest inna, jak Radauna, wpadająca do Wisły pod Gdańskiem, obacz Hart-

dły zmąconego morza wymiot [1]), bez żadnego u nich zażycia. Biorą go, jak się urodził, i tak przedają, dziwując się płacącym kupcom. Wreszcie wnosić można, że to jest sok jakiś z drzew sączący się, ponieważ widzieć w nim często ziemny i powietrzny owad [2]), który uwikłany lipką cieklizną, zostaje wewnątrz za stwardnieniem oblewającej materyi. Rozumiem, że jako w zabiegłych na wschód krainach znajdują się lasy, zkąd się balsamy i inne wonie sączą, tak i zachodnie strony po lądach i wyspach nadbrzeżnych rodzą podobne drzewa, z których rozegrzane słońcem soki, a w morzu okrzepłe, flaga wodna ne przeciwne brzegi wytrąca. Jeślibyś chciał doświadczyć ogniem natury bursztynu, wnet się zażegłszy nakształt łuczywa, wypuszcza płomień tłusty i pachnący, a potem się jak żywica topi i rozlewa. Ze Swionami graniczą Sytonowie [3]), podobni we wszystkiem do swoich sąsiadów, wyjąwszy, że im niewiasta panuje. Tak to ten naród nietylko się od wolności, ale nawet od niewoli odrodził. A tu. się już skończyła Swewia [4]).

XLVI. Peucynów, Wenedów i Fennów narody, nie

---

knocha *in Dissert. Prussicis*, i Kluwera *in Germania Antiqua* w k. III.

[1]) Pliniusz mówi w k. XXXVII, iż Gotonowie palili bursztyn zamiast drew dla ogrzania się.

[2]) Komary, muchy, owad latający, mrówki, robaczki ziemne. Widzieć i teraz często te natury igrzyska w sztukach bursztynowych.

[3]) Sytonowie dawni, teraz Norwegia, albo raczej Ruś północna. Tacyt panowanie jedynowładne niewolą, a rząd w jedynowładztwie niewieści zbytkiem niewoli zowie w krajach tych północnych. Odmieniły się z ludźmi czasy i obyczaje. Naród rosyjski, jednej krwi i języka z nami, pomnożyło w polor, obyczajność, nauki, potęgę i wolność, plemie Piotra Wielkiego, w żeńskiej płci więcej pół wieku panujące. Dopełniła sławy tego narodu najzacniejsza w świecie monarchini, Katarzyna wielka, której imie wspomnieć jest toż samo, co największe jej dać pochwały.

[4]) Swewia, część największa Germanów, z opisania Tacyta zaczynała się od Elby, a kończyła się na ujściach Wisły; zkąd idąc w górę ku północy, zajmowała Szwecyą i Norwegią. Od Wisły zaś poczynały się narody sarmackie.

wiem, jeśli mam do Germanów, czyli do Sarmatów [1) przyłączyć; lubo pierwsi z nich, których też Bastarnami [2) zowią, językiem, strojem, budowaniem domów, [3) statecznem na jednem miejscu mieszkaniem, z Germanami podobieństwo mają. Wszelako żyjąc w gnusności i plugastwie, a przez małżeństwa, mianowicie celniejszych familij, łącząc się z Sarmatami, na ich brzydkie zwyczaje zakrawają. Wenedowie [4) też wiele od nich

[1) Język pierwiastkowy czyni różność narodów, nie podobieństwo obyczajów albo też czasem pomięszanie mowy. Na pograniczach stykające się z sobą narody mają częstokroć spólność języka i zwyczajów, lubo nie są dla tego jednym narodem. Sprawiedliwie więc wątpi Tacyt, jeśli Peucynowie, Fennowie i Wenedowie do Germanów, czyli Sarmatów należeć mają, lubo na pograniczu Germanii, ile rządniejszej i obyczajniejszej, mogli z języka jej i zwyczajów naciągnąć. W rzeczy samej, gdyby te narody do Germanii należały, ile z tamtej strony Wisły mieszkające, a cóżby zostało Sarmatom, których według Ptolomeusza i innych geografów, Wisła dzieliła od Germanów? Kluwer Niemiec z domysłu raczej i lekkich uwag, nietylko część znaczną Sarmacyi Niemcami osadził, ale nawet nieznajomemi w starożytności rzekami i miastami, i sposobem podkomorskim ograniczył.

[2) Tacyt Peucynów pomięszał z Bastarnami; Pliniusz oba te narody częścią Germanii uczynił, w k. IV, roz. 14: *„Quinta pars Germaniae Peucini, Bastarnae, contermini Dacis.“* Lecz Pliniusz nie tak znał Sarmatów jak *Dion Cassius*, mało co poźniejszy, który będąc pretorem w Pannonii, mógł lepiej narody te rozeznać, a przecież Bastarnów nie Germanami, ale Scytami nazywa. Peucynowie z Bastarnami rozciągali się od górnej Wisły, aż ku źródłom Dniestra i dalej na wschód, zajmując wszystkie kraje podgórskie, gdzie teraz część województwa krakowskiego, sandomirskiego i Rusi czerwonej aż do Podola. Zkądby zaś nazwisko wzięli, wiedzieć nie można, a sądzić też z podobieństwa byłoby próżno i bez fundamentu. Zdaje się jednak, że nazwiska Peucynów i Bastarnów od Greków nadane były powszechnie różnym hordom sarmackim, tak jak naród Swewów, wiele innych powiatów Germańskich, mających własne swoje imiona, zawierał.

[3) Jak Germani tak Peucynowie budowali domy. Sarmatów życie było błędne, tak jak Tatarów teraźniejszych, na wozach i koniach.

[4) Wenedowie mieszkali za Peucyanami i Bastarnami na północ ku morzu Baltyckiemu, gdzie teraz podobno część Litwy oraz Inflant za Niemnem i Dzwiną. Trwa dotąd pamięć ich siedliska w powiecie wendeńskim, i części morza Baltyckiego, na-

wzięli. Albowiem ile się tylko lasów i gór między Fennami i Peucynami rozlega, wszystkie lotrostwem swojem napełnili. Atoli liczyć ich raczej należy pomiędzy Germanami; bo i siedliska mają nieruchome, i tarcze noszą, i pieszo rześko chodzą, różni w tem od Sarmatów, którzy na koniach lub na wozach wiek swój trawią. Dzikość i ubóstwo Fennów jest aż do podziwienia [1]). Nie widać tam ani oręża, ani koni, ani mieszkania żadnego. Jedzą zioła, wdziewają skóry, legają na ziemi, cała ich nadzieja w strzałach, które w niedostatku żelaza, kości ostro nasadzone srożą. Z łowów mężczyzna i niewiasta żyje. Żony, polując równie z mężami, obłowem z nimi się dzielą. Najwarowniejszym dla niemowląt od pluty i drapieżnego zwierza przytułkiem, sałasz z gałęzi upleciony, który też służy za domowisko dla młodzieży i starców. Wszakże szczęśliwszem takowe życie być sądzą, niżeli pocić się nad

---

zwanej *Sinus Venedicus*. Gdy 'Germanowie różnych narodów, wyszli do krajów zachodniejszych i południowszych, na pustoszenie państw rzymskich w trzecim i czwartym wieku, przywędrowały z za Dona i Wołgi zgraje barbarzyńskie plemienia Sławów, częścią przez zwykłe dzikim mieszkańcom włóczęgi na szukanie lepszych krajów, częścią pod chorągwiami Hunnów. Za czasów Prokopa i Jornanda, to jest w piątym wieku, tyle już było w dawnej Sarmacyi Słowaków, że za świadectwem Jornanda, całą prawie Ruś czerwoną z częścią województwa krakowskiego osiedli. Tak albowiem mówi w k. *de Rebus Goth.* na kar. 16: „*Dacia* (Siedmiogród i wołoska ziemia teraz) *ad coronae speciem arduis Alpibus emunita, juxta quarum sinistrum latus, quod in aquilonem vergit,* (Bieszczady góry, Tatry) *et ab ortu Vistulae fluminis, per immensa spatia venit, Vinidarum natio populosa consedit. Quorum nomina licet nunc per varias familias et loca mutentur, principaliter tamen Sclavini et Antes apellantur.*“ Jornand Słowianów nazywa Wenedami, nie dla tego, żeby to nazwisko ich było właściwe, lecz że się z dawnymi Wenedami podobno pomięszali, opanowawszy ich siedliska, albo że im Wenedowie służyli, naród znajomszy z dawniejszej pamięci rzymskim pisarzom, niżeli ci barbarzyńscy przybysze.

[1]) Fennowie mieszkali gdzie teraz Finlandya, którą Pliniusz nazywa Feningia. Paweł Dyakon w k. I *de Gestis Longobarporum* w kilka set lat po Tacycie, też same ich dzikość opisuje: „*Scritobini* (raczej *Scritofinni*, dotąd Skryfinami nazywani) *aestatis tempore navibus non carent, nec aliis ut pote feris ipsis ra-*

pługiem, bawić ciesielką około budowy, a między swoim i cudzym majątkiem wieczny z bojaźnią i nadzieją bój prowadzić. Jakoż, bezpieczni od bogów i ludzi, ten rzadki nader zysk odnoszą, że im nic żądać nie potrzeba. Ostatek tej ziemi pełen bajecznych wieści, jako to, że Oxyonowie z Heluzami [1]) noszą twarz ludzką a ciało zwierzęce. W czem ja nie mając pewnej wiadomości, zostawuję każdemu wolność mniemania.

tione non dispares, quam crudis aggrestium animantium carnibus vescuntur, de quorum etiam hirsutis pellibus sibi indumenta adaptant. Hi a saliendo juxta linguam barbaram etymologiam ducunt, saltibus enim utentes, arte quadam ligno incurvo ad arcus similitudinem feras insequuntur." Paweł przez te ostatnie wyrazy oznacza łyże, używane dotąd nawet w krajach nadmorskich, na których podczas zimy pospólstwo z niewymowną prędkością po lodach czołga się.

[1]) Narody dzikie i północne, gdzie teraz Laponia. Utwarzali sobie Rzymianie różne dziwolągi z prawdziwych ludzi, przez dochodzące fałszywe, jak zawsze bywa w odległości, powieści przychodniów. Te monstra z ludzkiemi głowami, są bez pochyby mieszkańcy krajów zimnych, skórami zawsze odziani, a jako lud leśny i myślistwem żyjący, umiejętni udawać wrzaski zwierzęce, dla potrzeby, a czasem postrachu.

Przypisek Wydawcy. Pośpieszyłem się dlatego z „Germanią Tacyta" że taż jest ważnym przedmiotem dla badaczów dziejów ojczystych.

K. J. T.

DZIEŁA NAKŁADOWE I KOMISOWE

KSIĘGARNI

GUSTAWA GEBETHNERA I SPÓŁKI

W WARSZAWIE, KRAKOWSKIE PRZEDMIEŚCIE NR. 17.

(Ciąg dalszy.)

Przepis robienia octów przednich, czystych i trwałych, sposobem fabrycznym, bez żadnych kosztownych urządzeń. Lwów 1837.. . . . . Kop. 75.

Przewodnik myśliwca ułożony przez *L. S.* Leszno. 1848 roku . . . . , ... Kop. 90.

— rolniczo-przemysłowy. Rok III—VIII . . Rs. 5.

— dla rolników życzących zwiedzić gospodarstwa angielskie przez *Konrada hr. de Gourcy,* z dodaniem wzmianki o celniejszych gospodarstwach w okolicach Berlina, Magdeburga, w Marchii; z fran. *Fr. Lutosławskiego* . . . . . Kop. 22 ¹/₂

Przyroda i przemysł, tygodnik poświęcony przystępnemu wykładowi wszystkich gałęzi przyrodniczych, praktycznemu ich zastosowaniu do potrzeb życia. Z 224 drzew. Rok pierwszy. Poznań. 1856. Każdy rok po . . . . Rs. 6 k. 75

Ptasznik, to jest wyjawienie sposobów łapania, obłaskawienia, pielęgnowania, rozmnażania i leczenia ptaków śpiewających, z dołączeniem przepisów hodowania kanarków. Kraków. 1852. . Kop 50.

Puchalski D. Nauka początkowa gospodarstwa wiejskiego, podług zasad praktycznego rolnictwa wyłożona. Warszawa. 1848. . . . . . . Kop. 90.

Radwański Jan. Notaty gospodarskie, pisane może 1560—1570, przez *Anzelma Gostomskiego* wojewodę rawskiego, pierwszy raz wydane po jego śmierci, staraniem Dra Wojciecha Oczka, pod tyt. „Gospodarstwo“ roku 1588, w Krakowie, nakł. i druk Jakóba Siebenejchera. Złotą zwać się mogące księgą, teraz na nowo z porządku raz 5-ty odbite, z porównaniem 3-ch pierwszych wydań, co do języka objaśnione uwagami, przydane żywotem autora i wzmianką o jego dziełach. T. 1. Kraków. 1856 . . . . . Rs. /1 k. 20.

Rarey J. S. (amerykański pogromca koni) Sposób obłaskawienia najdzikszych i najzłośliwszych koni K. 50.

Reichard Chrystyan. Ogrody owocowe. Wilno. 1825 roku . . . . Rs. 1 k. 5.

— Ogrody warzywne. Wilno. 1824 . Rs. 1 k. 35.

Reuman M. Gospodarstwo łowieckie z historyą starożytną łowiectwa polskiego. 1845. . Rs. 2 k. 25.

— O naturze torfu i jego użyciu gospodarczem. Warszawa. 1841. . . . . Kop. 50.

Robota rumowego eteru, rumowej essencyi i rumu, podana przez praktycznego destyllatora. Warszawa. (zeszyt załepiony). . . . . . Kop. 50.

Rocznik ekon. Towarzystwa gospodarczo-rolniczego krakowskiego. Kraków. lata 1851, 1852, 1853, 1854. T. 4. . . , ... Rs. 2 k. 40.

Roczniki gospodarstwa krajowego, wydawane przez Towarzystwo rolnicze w Król. Pols. Rok I. 1858. Prenumerata na cały rok . . . Rs. 3 k. 75.

— gospodarstwa krajowego T. I—XXXII. Warszawa. 1842—57. Każdy rok po . . . . Rs. 3.

— gospodarstwa krajowego, rok 1859, składający się z 12 zeszytów. prenumerata . Rs. 4 kop. 50.

— Towarzystwa naukowego krakowskiego z Uniwersytetem Jagiellońskim połączonego. Poczet pierwszy od roku 1817 do 1832. tomów 15 in 8. . . . . Rs. 7 k. 20. Pojedyńczo oddaje się każdy tom roczników powyższych po . . . . Kop. 60.

(Dalszy ciąg nastąpi.)

www.ingramcontent.com/pod-product-compliance
Lightning Source LLC
LaVergne TN
LVHW051122190726
843642LV00003B/587